# 第Ⅰ章
# 概論・解説

## 第Ⅰ章　概論・解説

### 第1節　いまなぜタブレットPCか？

金森　克浩

2011年というのは私たちには、記憶に刻まれる年でした。悲しい記憶として経験した東日本大震災と、タブレットPCという新しい分野を教育に生み出したiPadが登場した年だからです。

東日本大震災の起きた3月11日の前の日、私の勤める国立特別支援教育総合研究所では「第11回　日韓特別支援教育セミナー2011」を行い、特別支援教育におけるICT活用の状況を韓国特殊教育院の方々と情報交換することになりました。韓国では「スマート教育」という言葉でスマートフォンを中心とした携帯情報端末の有効性に着目し、これらを教育に使っていこうという内容でした。

出典：ぼっしゅんNo.5より引用

そのスマートフォンが発展して出てきたのがiPadです。2010年に発売されたiPadは、これまでのノートPCとスマートフォンの両方の良さを兼ね備え、特別支援教育におけるICT活用の形を大きく変えることになります。

iPadが出たその年、筆者は文部科学省の委託研究として東京学芸大学の小林先生と「特別支援教育におけるICTの活用と促進に関する調査研究」を行っていました。そのメンバーにソフトバンクの人が参加しており、数台iPadを貸し出してもらうことが可能となりま

した。それらを実際に研究協力してもらった学校に貸し出して使ってもらいました。すると、これまでのノートパソコンなどとは違い、コンピュータを使うことに苦手意識がある教員も使っている、という報告をうけました。その理由について考えてみると以下のようなことが考えられます。
- 電源を入れれば、すぐに起動するので面倒な設定が少ない
- 操作したい物を直接触るので、キーボードやマウスなどの間接的な操作に比べて理解しやすい
- 困ったときには「ホームボタン」を押せばすぐに終了できるのでトライアンドエラーがしやすい
- アプリの機能も単純な物が多く、操作をする中で理解できる物が多くある

というようなことでした。こういった使いやすさは、教員はもちろんのこと、子どもたちが利用する際にも大きなメリットとなります。

障害のある子どもたちにとっては、本当ならば、彼らの困難さを支援し、生活を豊かにするために支援機器がありますがICT機器は、その複雑さから限定された人にしか利用できないという状況がこれまでありました。それを打ち破ってくれる可能性を2010年に出てきたiPadは私たちに見せてくれたと感じました。

その翌年、東京大学先端科学技術研究センターとソフトバンクグループが始めた「魔法のプロジェクト」ではiPadを中心としてタブレットPCを活用した特別支援教育での実践研究が始まっています。

今では、魔法のプロジェクトに参加している学校だけでなく、全国の特別支援学校や特別支援学級においてタブレットPCの活用が広がりつつあります。

国立特別支援教育総合研究所が2014年8月に行った、全国の特別支援学校でのICT活用状況調査では、タブレットPCの整備状況としてWindowsOSで2台以上保有している学校が13.4%、iOSで2台

以上保有している学校が51.2%、AndroidOSで2台以上保有している学校は3.3%ということでした。そのことから読み取れるのはiPadまたはiPod touchの整備状況が進んでいることが分かります。また、同様にそれらが活用されているかを聞いた結果としては、無回答を除いてiOS、WindowsOS、AndroidOSの順に64%、27%、10%とあり活用されている機器としてもiPadなどが使われています。

　文部科学省が毎年3月に行っているICT機器の調査では、小中高等学校と特別支援学校のタブレットPCの整備状況はずいぶん様相が違い、通常学校ではWindowsの整備が進んでいるようですが、特別支援学校では違っていました。iPadはまさに特別支援教育のための機器といってもいいぐらいのようです。

　さて、では具体的にタブレットPCは障害のある子どもたちにとってどのようなメリットをもたらしているのでしょうか？　筆者が関わって作った『〔実践〕特別支援教育とAT』（明治図書、2012）などの一般書籍や、前記の魔法のプロジェクトでの報告書などから、障害による困難さからその活用状況を見ると以下のようなことが挙げられます。

●**見ることに困難がある場合**
●画面を拡大して本や教科書などを読む
●音声読み上げ機能を使ってテキストを読む
●コントラストをはっきりさせて見やすくする
●ハイライト機能を使って、今読んでいる場所を確認する

●**聞くことに困難がある場合**
●視覚的な教材を用意して見て内容を確認する
●筆談または遠隔の人とのコミュニケーション機器として利用する
●言葉を視覚的な文字に変換して理解する

### ●話すことに困難がある場合
- VOCAアプリを利用して意思を伝える
- まとめて話すことが苦手な場合にマッピングソフトなどの活用により自分の思考を整理して話す

### ●手の操作に困難がある場合
- 文字を書くことに困難がある場合にキーボードで入力をする
- 一般のキーボードでは押す力が弱くて操作しにくい場合にもタブレットに触れて入力できる
- 文字を書く場合に画面を大きくして書きやすくする
- 絵など描くことの表現を支援する
- 音声認識機能を利用して書くことを支援する

### ●認知理解に困難がある場合
- 画面がインタラクティブに反応するので自分が操作したことを理解できる
- 動画などにより活動内容を理解しやすくなる
- 時間の見通しが持ちにくい場合にスケジュールソフトやタイマーソフトで見通しを持たせる
- メモソフトなどによって記録することで記憶を支援する
- 学習アプリなどを使い、紙では学習しにくい内容を支援する

### ●病気やそれによって外出に困難がある場合
- 入院している児童生徒が外部の関係者との交流を図れる
- 入院などによって経験できない活動に参加することが可能となる

　これらは、まだまだその活用の一部ですが、学習上や生活上のさまざまな困難をタブレットPCを使うことで支援できそうです。
　使いやすさ、手に入れやすさ、機能の多様性など多くの学校での活用が期待できます。

しかし、少し注意点も述べたいと思います。それは、便利だからと飛びついてしまうと、問題も起きてしまうかもしれないということです。ICT機器を活用することのメリットとしては、以下に挙げられるものがあります。

①障害や学習の困難さを補うための支援として使われている
②学習内容の理解を促進するための支援として使われている
③ICT機器の特徴が生かされる使い方がされている
というものですが、これは裏返すと
①障害による困難さが配慮されていない
②ただ単に便利そうだから使っている
③別のもので代用できるのに無理に使っている
といったことに陥る可能性もあります。そうならないためには、
①明確な指導目標を持つ
②指導者自身が実際に利用してその良さを確認する
③常に新しい情報を得て使い方の修正を行う
ということを考える必要があります。つまり「教員も学ぶ」姿勢が求められていると考えます。道具はあくまで道具でしかなく、それを使う人によって良い面も悪い面も出てきます。本書を活用しながらぜひより良い使い方を学んでください。

---

**引用・参考文献**

国立特別支援教育総合研究所（2011）第11回日韓特別支援教育セミナー　テキスト. 国立特別支援教育総合研究所.
国立特別支援教育総合研究所. 専門研究A「障害のある児童生徒のためのICT活用に関する総合的な研究——学習上の支援機器等教材の活用事例の収集と整理——」. http://www.nise.go.jp/sc/ict/.（アクセス日 2016-05-02）
本田祐介「ぼっしゅん」bo-yaのページ. http://homepage3.nifty.com/bo-ya/.（アクセス日 2016-05-02）

第Ⅰ章　概論・解説

## 第2節 タブレットPC活用の最新情報

高松　崇

### 1　はじめに

　2010年Apple社からiPadが発売されて以来6年の間にタブレット端末は随分普及してきました。

　既に年間出荷台数はノートパソコンを超えており、最近はスマートフォンが大型化してきたこともあり、タブレットも同様に大型化の傾向にあります。また筐体も単純なタブレット端末ではなく、ノートパソコンとしても利用できる2 in 1、ハイブリッドと呼ばれる外部キーボードが利用できるモデルが増えてきています。またノートパソコンも薄型軽量化してきており、キーボードを外してタブレット端末として利用できるセパレート型というものも登場してきています。

　こうなってくるとスマートフォンとタブレット端末、ノートパソコンの明確な定義はできなくなっているように感じます。

- スマートフォンは、携帯電話から進化してきたもの
- ノートブックパソコンは、デスクトップパソコンが小型化してきたもの
- タブレット端末は、その隙間を埋めるためにできたもの

　5インチ以上のスマートフォンをファブレットというような分類をする場合もあります。

　タブレット端末のスペックもパソコンと変わらないレベルにまで進化していて、メモリ4GBやCPUもCore i7、カメラも4K対応などの機種も登場しています。

　大切なことは、何をしたいのか？、何処で使うのか？、何時使う

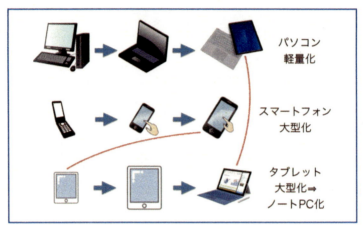

デスクトップパソコンからスマートフォンまでほとんど境目はなくなっています。
図1

のか？、誰が使うのか？　など購入の目的を明確にイメージすることだと思います。
　ここからは、それぞれのタブレット端末の判断となる項目に関して以下の項目で考えてみましょう。
- OS（オペレーションシステム）
- 代表的な端末と型（大きさや形）
- 通信手段（Wi-fi かセルラーモデルか）
- 容量（データの保存量）
- アプリケーション
- アクセシビリティ
- 周辺機器

## 2　OS（オペレーションシステム）

　タブレット端末には大きく分けて3種類のOSが選択できます。2014年度の国内出荷台数では、初めてGoogle社のAndroid端末が405万台でシェアを44%としました。2位にはこれまでタブレッ

ト端末市場を牽引してきた Apple 社の iOS 端末が 398 万台で 43％、Microsoft 社の Windows を含むその他の端末が 113 万台で 12％となっています。（＊ICT 総研の 2015 年度 タブレット端末に関する市場動向調査より）

　それぞれの OS の主な特徴は次の通りです。

① iOS（執筆時での最新バージョンは 9.3.1）：Apple 社が独占で製造販売している iPad のみにシステムを供給しているために、内部仕様が公開されておらずウィルスが作成しにくいために、比較的堅牢性が高い反面、自由度はやや低くなってしまいます。
　最新バージョンの 9.3 より、学校現場で更に利用しやすいように「クラスルーム」などのアプリに代表される仕組みが提供されました。
　これにより、1 台の iPad を複数で利用するためのマルチユーザーや、一斉授業を行う際の端末の制御などが標準の機能で利用することが可能となりました。
（＊システム要件など詳細は Apple のサイトを参照ください。http://www.apple.com/jp/education/preview/）

② Android（執筆時での最新バージョンは 6.0）：OS の仕様がオープンにされていますので、自由度が高いことで多様なハードとの組み合わせやシステムを構築することが可能ですが、反面多くの企業が端末を作成しているために全ての端末が同じ操作ではなく、システムの仕様も若干違っています。
　また、オープン化ゆえにウィルスなども比較的多く存在していると言われています。

③ Windows（執筆時での最新バージョンは 10 1511）：一番のメリットはパソコンで作成したファイルや、使っていたソフト等の過去の資

産を最新のタブレットに移植できる点でしょう。また、オフィスソフト（Word、Excel、PowerPoint など）がパソコンと同様の操作感で利用できる点も大きな特徴です。

また、ハードのスペックが高いモデルも販売されていることも特徴です。

## 3 代表的な端末と型（大きさや形）

Apple 社の iPad に代表される純粋なスレート型（一般にタブレット端末と呼ぶ、画面のタッチなどで操作できる板状の端末）から、最近では 2 in 1 またはハイブリッド型と呼ばれるキーボード接続型やノートブックを分割できるタイプ等多くの選択肢があります。

これらは Microsoft 社の Surface に代表される純正カバータイプや Microsoft 社の Surface Book に代表されるセパレート型、SONY 社の VAIO Z などの液晶パネルを外せないが回転やスライドのできるコンパーチブル型などがあります。

やりたいことや使う場所、手の可動域、見え方、麻痺や緊張などの操作性で大きさやモデルを選択することが必要です。

図2

① iPad シリーズ（iOS 端末）：ホームボタンが一つしかない操作性が多くの子どもたちにとって使いやすいものです。また、Apple 社だけが製造販売していることもあり端末の完成度・統一感が高いことも特徴の一つ

図3

と言えます。

　現在は iPad Pro 12.9 インチから 9.7 インチの iPad Pro、iPad Air、7.9 インチの iPad mini 4、mini 2 が販売されています。

② Android 端末：さまざまな会社よりさまざまな大きさ・形の端末が販売されています。比較的価格が安価であることも Android 端末の魅力です。

図4

　Google 社が独自に販売しているフラッグシップモデルである 9 インチの NEXUS 9 をはじめとして、Sony Xperia や Docomo dtab など多くのバリエーションがあります。18.4 インチなんて大型も発売されています。

③ Windows 端末：ノートパソコンとタブレット端末との境目がないことが特徴であり、パソコンとしても充分に活用できます。

図5

　USB 接続により、Tobii などの視線入力装置や OAK、LEAP MOTION などのジェスチャーコントロール装置、またジョイスティックなどの特殊なインターフェース装置を外出先でも利用できるメリットは他の端末にはない魅力です。

　Microsoft 社が独自に販売している Surface Pro 4 や Surface Book などをはじめ、ハイスペックモデルから比較的安価な入門モデルまで多くの選択肢があります。

　タブレット端末とは言えない 84 インチの Surface Hub というデバイスもあります。

## 4　通信手段（Wi-fi、セルラーモデル）

　同じモデルでもアプリケーションを購入したり、インターネットに接続するための仕組みが選択できるものもあります。

　外出先での利用頻度に応じて選択します。

①Wi-fi モデル：自宅や職場に無線 LAN 環境があり、外出先での接続がそれほどないのであれば、ランニングコストは新たに発生しませんのでお得です。ただし無線 LAN 環境のない場所でインターネットなどに接続する場合には、スマートフォンによるテザリングやモバイルルーターなどの機器が必要になります。

　最近では駅構内や新幹線・行政施設・コンビニなどでも無料で利用できる公衆無線スポットなども増えてきています。

②セルラーモデル：外出先での利用が多い場合には、au、Docomo、Softbank などの通信会社と契約することで、いつでもインターネット接続のできるモデルです。便利ですが月額料金が発生しますので、使い方に応じて選択してください。最近では SIM フリーモデルと言って比較的安価で契約のできるものもあります（回線スピードや通信制限のデータ量などを考慮して契約します）。

## 5　容量（データの保存量）

　タブレット端末の容量は、16GB から大きいものでは 512GB まであります。どの容量を選択するかは、どのように使うのかを大雑把に計算して余裕をみて選択します。USB メモリなど外部メモリを接続できないものもありますので、購入時の選択は重要になります。

　容量の目安を書いておきますので購入時の参考にしてください（あくまでも概算です。1GB は 1000MB で計算しています）。

・写真（画像）（最近は内蔵カメラの精度が良くなっています）
　1枚あたり概算で2.5MB 1000枚で2.5GBになります。
・動画
　1分あたり概算で120MB 10分で1.2GBになります。
・音楽
　1曲あたり概算で5MB 1000曲で5GBになります。
・アプリケーション　どんどん大容量になっています
　1アプリ平均で20MB 100アプリで2GBになります。
　これとは別にOS（システムファイル）の容量も当然必要になりますので、上記をすべて計算すると16GBではちょっと難しいかもしれません。

## 6　アプリケーション

　価格だけでタブレット端末を購入される方もいますが、各OSによって一番肝心なアプリケーションを購入できるストアは違います。全く同じことができるわけではありませんので、注意が必要です。
　現在は、CDからではなくほとんどがインターネットからダウンロードすることでアプリケーションを購入するようになっています。
　2014年現在で、

| | |
|---|---|
| iOS（Apple Store） | 121万件 |
| Android（Google Play） | 143万件 |
| Windows（Windowsストア） | 20万件 |

というようなデータもあります。
　特徴的なのは、iOS用のApple Storeではアプリ開発者は事前に申請してプログラムのチェックを受けStoreで発売される点と、Apple Store以外では基本的にはアプリケーションを入手できない点です。これによりアプリケーションの品質を保持しており、他のシステムよりもウィルス等が少ないという仕組みを構築しています。

AndroidはGoogle Play以外にもインターネットのサイトより購入できますが、ウィルス等の問題もあり正式なStoreでの購入を推奨しています。

　一般的にはAndroidやWindows端末ではウィルス対応ソフトが必要であると言われています。これはシステムのオープン化（自由度）との関係であると思われますのでしっかり予防しましょう。

## 7　アクセシビリティ

　アクセシビリティとは、「情報やサービス・ソフトウェアなどが、どの程度広汎な人に利用可能であるかをあらわす語。特に、高齢者や障害者などハンディを持つ人にとって、どの程度利用しやすいかという意味で使われることが多い。」（＊IT用語辞典より　http://e-words.jp/w/アクセシビリティ.html）とありますように、標準的な設定では使いにくい方が自分たちが操作しやすいように設定を変更できる機能を言います。

図6

　各OSともに、最低限の機能は設定されていますが利用者の困りによって機種やOSを選択することが必要です。詳細は第Ⅱ章の第4節・第5節をご覧ください。

## 8　周辺機器

　タブレット端末に周辺機器を接続する場合には、一般的にはBluetooth（デジタル機器用の近距離無線通信規格の一つであり、主にキーボードやマウスなどの無線で接続する際に利用します）や直接ケーブルで接続をします。

　特別支援教育でのタブレット端末の活用シーンでは、スイッチなどを複数接続する際のインターフェースもこの方法で接続します（代表的なものには、「できiPad」、「なんでもワイヤレス」、「指伝話スイッ

チニ」などがあります)。

図7

　このようなインターフェースも有線で接続するものもあります(有線はUSBやLightningなど接続ケーブルも違いますので、注意が必要です)。
　特殊なデバイス(視線入力装置やモーションコントロールなど)はUSB接続が主流で利用できるOSも限られています。

## 9　これからのタブレットはどんな進化を……

　手の操作が困難な方のために「視線だけで操作できるタブレット」なども開発を進めていますし、視覚障害の方のために「点字が浮かび出るディスプレー」、聴覚障害の方のために「フロントカメラで手話を認識して文字や音声化するタブレット」など特別支援教育で使われるタブレット端末は、これから益々進化をしていくことでしょう。

# 第Ⅱ章
# 実践・解説

| 第Ⅱ章　実践・解説 | 第1節 |

# iOSの基本操作

氏間　和仁

## 1　はじめに

　iOSとは、Apple社が提供しているiPad、iPad air、iPad mini、iPad pro、iPhone、iPod touch、Apple TVに搭載されているOS（Operating System：基本システム）の名称です。このOSには、iOS以外に、WindowsやAndroid、UNIXなどさまざまな種類があります。手指で液晶タブレットに加える動作のことを、ジェスチャーと呼びますが、iOSは、このジェスチャーでの操作に最適化されたOSとも言えます。その特徴は、コンテンツの上下や左右などの端に到達し、その先にはコンテンツが存在しない場合にスクロールできないとボールが跳ねるように画面が跳ね返る「バウンスバック」や、画面を指で払った勢いで高速でスクロールし、徐々に減速する「慣性スクロール」などの、直感的で、機器からのレスポンスが直接的なUI（ユーザ・インターフェイス）になっています。また、タブレットやスマートフォンの中でiOSを搭載している機器の間では、操作性が同一であることから、アクセシビリティ機能など、特別な利用方法を選択した際に、機器が変わっても操作性が一貫している点も操作性を高める要因になるでしょう。また、iOSには、後述のアクセシビリティ機能が標準的に豊富に搭載されている点も特徴の一つで、ここがiOSと特別支援教育との親和性が高い理由の一つともなっていると言えるでしょう。それでは、本節では、このiOSの基本的な操作について、起動・終了から、マルチタスク、マルチスクリーンなどの最新の操作方法までを説明します。なお、ここではiOS9.0以降のバージョンを想定しています。

## 2　起動・終了、スリープ・スリープ解除

　図1はiPadの基本的な部分とその名称を示したものです。操作をする上で、最低限覚えて欲しい部分は、「ホームボタン」「電源ボタン」「音量ボタン」の3つです。その他の、差込口やカメラ等の位置はその都度覚えたので十分です。

図1　各部の名称

### (1) 電源が切れている状態の確認

　iPadの電源の入り切りは大きく2つに分けられます。ちょうどご家庭のテレビと同じで、主電源の入切と、リモコンによる入切です。iPadでは(1)主電源が切れている状態と、(2)スリープ状態と呼びます。お持ちのiPadの画面が暗い場合、どの状態で電源が切れているのかを確かめる方法は、ホームボタンを短く「カチッ」と押します。この、ホームボタンを短く「カチッ」と押す操作のことを「クリック」と呼びます。ホームボタンをクリックして、画面が明るくなったら、スリープ状態であったということになります。このとき、ホームボタンをクリックして明るくなった画面を「ロック解除画面」と呼びます。「ロック解除画面」には画面中央上部に大きくデジタル形式の時計が表示され、画面下中央に「＞スライドでロック解除」と表示されています（図1）。図1のロック解除画面には、矢印で、指で払う方向を示しています。

　ホームボタンをクリックした際、「ピ、ピン」と音が鳴って、画面上部に「ご用件は何でしょう？」と表示される場合があるかもしれません。その状態はSIRI（後述）が起動された状態で、ホームボタンを押す時間が長すぎたことを意味します。慌てず、改めてホームボタンをクリックしましょう。このようにホームボタンは困った時に押すボタンといった使い方があります。「困った時には、ホームボタン」と

覚えておきましょう。

　一方、ホームボタンをクリックしても画面が明るくならない場合は、「（1）主電源が切れている」状態です。

## （2）主電源の入れ方

　お手持ちのiPadの電源の切れた状態が分かったら、次は電源の入れ方を学びましょう。まずは、主電源が切れている状態から、電源を入れる方法です。主電源が切れている状態から電源を入れたいときは、電源ボタンを2、3秒押し込みます。すると数秒後に画面中央にリンゴの絵が表示され、数十秒後にロック解除画面が現れます。しばらくすると画面は暗くなります。この状態をスリープ状態と言います。それ以降の方法は次項で説明します。

## （3）スリープ解除の方法

　スリープ状態からスリープを解除する方法を説明します。ホームボタンをクリックし、ロック解除画面を表示します。ロック解除画面は、図1のように、上部にデジタル表示の時計、下部に「＞スライドでロック解除」と表示されます。このロック解除画面は、数秒操作が行われないと、消灯し、画面が暗くなりスリープ状態になります。ですから、ロック解除動作は、ロック解除画面が表示中に行う必要があります。ロック解除の方法は、ロック解除画面が表示中に一本指で画面を左から右に払います。そうすることで、ロックが解除されます。場合によっては、パスコードが設定されていることがあります。その場合は決められたコードを4桁または6桁で入力しましょう。もちろん、ホームボタン内に仕込まれているタッチIDセンサーに軽く指を触れていてもロックは解除されます。ロックが解除されると、ホーム画面が表示されます。ホーム画面は機器によってアイコンの配置や背景が全く異なりますが、ホーム画面の例を図2に示しました。

ホーム画面はiPadの操作時の基準（起点）となる画面で、アプリのアイコンが縦横に配列されている画面です。アプリを起動中や、何かの機能が作動中にホームボタンをクリックすると、必ずこのホーム画面が表示されます。また、ホーム画面は2ページ以上で構成され、最大11ページまで作ることができます。ホーム画面下の中央に白丸が横に並んでいます。この白丸の数だけホーム画面が存在し、中でも一層濃い白色をしている丸が現在表示されているページということになります。

図2　ホーム画面の例

　ホーム画面の最下行は背景色が若干異なっており、ホーム画面を移動しても、その部分だけは変わりません。この部分を「ドック」といいます。ドックは何番目のホーム画面を表示していても影響を受けないため、頻繁に利用するアプリを配置しておくと便利です。

## 3　アプリの起動・終了・切り替え

　アプリのアイコンを一本指で「トン」と叩く（タップ）と、アプリを起動することができます。アイコンをタップしたつもりでも、長押ししたとiPadに判断されるとアイコンが細かく揺れ始めます。もし、そうなってしまったら、ホームボタンをクリックします。そうすると、アイコンの揺れは収まります。「困った時には、ホームボタン」です。起動中のアプリを終了したいときは、ホームボタンをクリックします。ただし、この方法での終了は単にアプリの画面をホーム画面に切り替えただけで、完全にアプリが終了しているわけではありません。アプリを完全に終了したい場合は、ホームボタンを2回素早くクリックし

図3　アプリを完全に終了している様子

ます。そうすると、起動中のアプリが並んで表示されます。この起動中のアプリが並んで表示されている画面をアプリをスイッチする画面ということから「アップスイッチャー」と呼びます。このアップスイッチャーを表示した状態で、終了したいアプリの部分を一本指で上に長めに払います。そうするとアプリは画面から消えてなくなります。この状態でアプリは完全に終了したことになります。アプリを完全に終了してしまうと、編集中の画像や文書、音楽などがある場合、編集途中の状態が消えてしまう場合がありますので、注意しましょう。また、アップスイッチャーを表示して、表示中のアプリを一本指でタップすると、そのアプリに切り替えることができるので、幾つかのアプリを切り替えながら操作する場合には便利です。

## 4　アプリの整理

　ホーム画面上にアプリがたくさん表示されるようになると、アプリを見つけにくくなり、目的とするアプリを探すのが大変です。例えば、ホーム画面の2ページ目は国語で使うアプリといった具合にまとめたり、頻繁に利用するアプリはホーム画面の1ページ目やドックに配置したり、似た機能のアプリは、フォルダにまとめたりすると効率よく操作できるようになります。

### （1）アイコンの移動と削除の方法

　アイコンを一本指で長押しすると、アイコンが細かく揺れ始めます。この状態がアイコンの編集中を意味します。位置を変更したいアイコンを一本指で長押しすると、少しアイコンが大きくなるので、その状態を保ったまま、指をずらしていくと、アイコンが移動します。この状態でアイコンをドックに移動することもできますし、画面の左右どちらかの端に移動していくと、隣のページに移動することもできます。アイコンが震えている状態で、アイコンの左上隅に表示されている

「×」を押すと、アプリを削除することができます（図4）。アプリを削除してしまっても、再度、アップストアからインストールすることはできます。また、一度支払ったアプリを削除する場合、２回目以降は料金が発生しません。

図4　アプリの削除

**（2）フォルダで整理する**

　アイコンの編集中に、アイコンを別のアイコンの上に重ねるとフォルダが自動的に作成されます。その際、フォルダ名は自動で付けられますが、自分で付け直すことができます。フォルダ名を付ける場合の工夫としては、フォルダ名の先頭にホームページのページ番号を付けることが挙げられます。そうすることで、Spotting 検索でアプリの検索を行った際に、そのアプリが何ページ目のフォルダに入っているのかを知ることができるようになるため、数あるアプリの中からアプリの位置を特定しやすくなります。

## 5　コントロールセンター

　iPad で「機内モード」「Wi-Fi の入切」「ミュート」「Air Drop」「Air Play」「明るさ」「音量」「再生」「時計」「カメラ」「ナイトシフト」などのよく利用する機能は、コントロールセンターにまとめられています。コントロールセンターを表示するには、画面の下のフレームから一本指で上に向かって長めに払います。コントロールセンターは、何かのアプリを起動中でも表示できますが、子どもが利用する際などで、何らかのアプリを使用中にちょっとした操作でコントロールセンターが表示しては困ることがある場合は、「設定

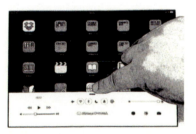

図5　コントロールセンター

アプリ」→「コントロールセンター」と進んで、「App 内でのアクセス」を切ってください。そうすることで、アプリ起動中はコントロールセンターが表示されなくなります。

## 6　Quick Type

　画面上のキーボードで文字を入力中に、カーソルを少し動かしたいとか、範囲指定をする際、自分の指でよく見えないといったことはないでしょうか。あるいは、指先の微妙な操作に苦労した経験をお持ちの方もいらっしゃるでしょう。画面上のキーボード上で二本

図6　Quick Type（クイックタイプ）

指を同時につけると、図6のようにキーボードの文字盤が消えます。この状態で、二本指を上下左右に動かすと画面上のカーソルを上下左右に動かすことができます。二本指をキーボードにつけて、2、3秒そのままにしておくと範囲選択ができる状態になります。この状態で二本指（あるいは、一本指）を動かすと、範囲選択ができるようになります。その後、範囲選択された部分の上を一本指でタップすると「コピー」「カット」などのメニューが表示されます。

## 7　Siri（シリ）

　Siri（Speech Interpretation Recognition Interface）とは、直訳すると「発話解析・認識インターフェース」となります。つまり、人間が話した内容をコンピュータが解析して認識する、人と機械を仲介する仕組みということです。Siri を利用するためには設定を行う必要があります。「設定アプリ」→「一般」→「Siri」と進んで、Siri をオンにしてください。「Hey Siri を許可」をオンにすると、機器が電源に接続されているときに、「ヘイ　シリ」と話しかけると、Siri が

起動するようになります。その他の項目は適宜試してみてください。Siri の起動はホームボタンを長押しする方法と、Hey Siri を利用する方法があります。「ピ、ピッ」（音の高さ、中）と鳴ると指示を出してください。指示を出した後しばらく沈黙すると「ピ、ピッ」（音の高さ、高）が鳴り、この高い音は、人間の指示を認識し始めたことを意味します。Siri を起動しても、聞き取れないと、しばらくして「ピ、ピッ」（音の高さ、低）が鳴ります。Siri を利用する際は、慣れるまではある程度文章を頭の中で組み立ててから話しかけるのが良いでしょう。例えば「広島の最新のニュースを教えて。」「30 分後に起こして。」「今日の買い物で２千６百円使った（とメモ）」といった具合に話しかけます。使い方が分からない場合は、「シリの使い方を教えて。」と指示すると良いでしょう。慣れてくると、Siri を使って、電話をかけたり、メールを書いたりすることもできます。Siri を利用するには、インターネット接続が必要です。

## 8　Air Drop

　iPad を利用していて感じるのは、撮影した画像や PDF などのファイルのやり取りの不便さではないでしょうか。Air Drop 機能を利用すると、iOS デバイス間及び Mac との間であればファイルのやり取りがとても簡単に行え、便利です。Air Drop に対応している機器は、

図7　Air Drop の設定

iOS 7.0 以降を搭載した、iPhone 5 以降、iPad Pro、iPad（第４世代）以降、iPad mini 以降、iPod touch（第５世代）、Mac では OS X Yosemite 以降を搭載している 2012 年以降の機器です。コントロールセンターを画面下から表示すると、Air Drop という表示があります（図7）。この表示が出ないと、お手持ちの機器は Air Drop には

対応していないと判断できます。コントロールセンターに表示されたAir Dropの文字を一本指でタップすると、通信をする範囲を決めることができます。一時的に利用して、利用後は設定を解除するのであれば、「全ての人」を選択すると無難です。写真などを送ってほしい場合などは、受信側のiPadで行います。送信側は、この設定をしなくても大丈夫です。このAir Dropの受信側の設定を行った後、例えば、写真アプリを起動して、「選択」ボタンを押し、共有したい写真にチェックを入れる画面を表示すると、Air Dropで通信できる相手が表示されます。受信側はAir Dropの設定を「全ての人」にして、起動している必要があります。その上で、表示された、相手のアイコンを一本指でタップすると即座に選択した写真が相手に送られます。この通信は、Wi-Fi環境がなくても行うことができますが、設定としてWi-Fi、Bluetoothはオン、機内モードやおやすみモードなどはオフにしておく必要があります。

　通信後は、Air Dropの通信の範囲を「オフ」にしておくことをお勧めします。通信範囲が「全ての人」のままだと、電車の中などで、他の人のiOSデバイスにあなたの機器が表示されてしまいますので、注意しましょう。また、Air Dropで表示される通信相手の名前は、[設定アプリ]→[一般]→[情報]→[名前]で設定できます。

## 9　Air Play

　Air Playは、iPadの音楽や画面表示を無線で外部出力するための規格です。多くは、Apple TVと通信してプロジェクタや大型ディスプレイに表示したり、生徒のiPad画面を教師側のモニタに表示したりする際に利用するなど活用の場面は多彩です。Apple TVとiPadとの通信は一般的にはWi-Fiルーターを介して行われますが、第3世代以降のApple TVとAir Playするのであれば、ルーターを介す必要がなく、直接無線での通信が可能です。Apple TVの音と映像の外

部出力はHDMIが標準です。プロジェクタや外部ディスプレイ側の外部入力にHDMIが対応していればHDMIケーブル一本で画面表示と音声を出力することが可能です。プロジェクタ等の機器にHDMI入力が備わっていない場合は、Apple TVからのHDMIのデジタル出力をVGAとオーディオのアナログ出力に変換する機器を中継する必要があります。さまざまな変換器が販売されていますが、ビデオが表示されないなど、不具合のある機器もありますので、専門の店員に尋ねるとか、すでに活用しているところに尋ねるなどすると良いでしょう。

　教室にApple TVが一台入ることで、教師のiPadの表示を教室内で供覧するだけでなく、子どもの作成物をiPadのカメラで撮影して供覧したり、子どもたちのiPadの画面を供覧したりするなど、これまで考えられなかった授業の展開が可能になります。

## 10　マルチタスキング

　iOS9.xから、スライドオーバー（Slide Over）、スプリットビュー（Split View）、ピクチャ・イン・ピクチャ（Picture in picture）といったマルチタスクによる操作が可能になりました。マルチタスキングを有効にするためには、［設定アプリ］→［一般］→［マルチタスク］を開いて、「複数のAppを許可」をオンにしておく必要があります。逆に、あるアプリを授業中に利用している際にマルチタスキングの画面が表示されて困るといった場合もあります。そんなときは、「複数のAppを許可」をオフにしておくと良いでしょう。

### （1）Slide Over

　Slide Overはあるアプリを操作中に、そのアプリの表示を行った状態で、2つ目のアプリを起動することができます。図8はある書籍を閲覧中に英単語をSlide Overで表示した英和辞典で検索している様子です。方法は、あるアプリの操作中に画面の左の枠から画面内に

向かって一本指で長めに払います。そうすると、画面の左側からアプリ一覧が表示されます。すでに何らかのアプリをマルチタスキングで利用していた場合はそのアプリが表示されます。その場合は、左側から現れた枠の上部から下に長めに払うとアプリ一覧を表示できます。アプリ一覧から表示したいアプリをタップすることでもう一つのアプリを起動できます（図9）。ですので、思いついたときに、ネットで検索したり、メールを確認して、返信したり、メモアプリに書き残したり、辞書アプリで検索したりなど、さまざまな別の機能を利用すること

図8　Slide Over の様子

図9　Slide Over でアプリを選択している様子

ができます。そのアプリケーションをスライドさせて片付けるだけで、はじめに使っていたアプリケーションに戻って作業を続けられます。

## （2）Split View

　Split View は、2つのアプリを両方同時に利用できます。ですから、撮影した写真を見ながらスケッチをしたり、PDF の文献を読みながらレポートを書いたり、ホームページを引用しながら Keynote でスライドを作ったりなど、さまざまな作業を2

図10　Split View 開始の様子

つ同時に行うことができ、生産性も向上します。図10は Split View を開始している様子です。Slide Over の状態から、2つのアプリを隔てる縦線の中央部に少し太めのバーが表示されていれば Split View ができるアプリということになります。その太めのバーを一本指で押

さえたまま画面中央へ移動させます。いい具合の画面幅のところで指を離すとSplit Viewになります。Split Viewの最中でも画面の幅を変更することができます。ただし、この2つのアプリを隔てる縦線の中央部の太めのバーが表示されない場合は、それらのアプリはSplit Viewに対応していないということになります。

図11 Split Viewを利用している様子

### （3）ピクチャ・イン・ピクチャ

ビデオアプリでビデオを鑑賞中や、FaceTimeを利用している最中にホームボタンを押すと、それらの画面が小さくなり画面の隅に表示されます。その状態で別のアプリを起動すると、その後から起動したアプリを使っている最中であっても、ビデオは再生された状態になります（図12）。ビデオを中断させることなく、届いたメールをチェックしたり、ビデオを鑑賞中にSafariでビデオに登場した建物を調べたりなど、利用方法はさまざまです。

図12 Picture in pictureの様子

## 11　動かなくなったり、反応が悪くなったら試したいこと

iPadもコンピュータですので、使い続けているうちに調子が悪くなったり、反応が鈍くなったり、動かなくなったりすることがあります。そんな時は以下のことを試してみましょう。

### （1）強制再起動

電源ボタンとホームボタンを同時に10秒以上押しましょう。画面

の中央にリンゴのマークが表示されたら、ボタンから指を離します。これで無事に起動して不具合が解決されれば、問題ありません。

## （2）充電は？

　充電が切れていると、全く反応がなくなります。正しい電源アダプターに正しいコードを用いて充電を1時間程度行って、（1）の操作を行ってみましょう。電源を挿していても、iPadのライトニングコネクタに挿すプラグが破損していると、充電ができない場合がありますので、その場合は、プラグの表裏を反対にして挿してみてください。

## （3）コンピュータに接続する

　iPadをコンピュータに接続して、iTunesというソフトを起動します。その状態で、先ほどの、（1）強制再起動を試みます。その際、リンゴマークが表示されても、ボタンから指を離さずに、リカバリーモードの画面が表示されるまでボタンを押し続けます。iTunesの画面上に「復元」とか「アップデート」というボタンが表示されたら、「アップデート」ボタンをクリックします。データを消去することなく、iOSが再インストールされるよう試みられます。

## （4）アップルのサポート

　何を試しても問題が解決されない場合は、アップルのサポートを利用しましょう。

## （5）あるアプリの調子が悪い

　あるアプリの調子が悪い場合は、「3　アプリの起動・終了・切り替え」で紹介した、アプリの終了を試みてください。

## （6）定期的な終了

　安定的に利用したい場合は、毎週末など日を決めて、定期的にアプリを終了させたり、システムを終了させるようにすると良いようです。また、重要なプレゼンテーションの前などは、アプリの終了と強制再起動を行っておく、定期的にバックアップを取っておくなど、調子が悪くなって大事に至る前に、うまく付き合っていくことが大切だと思われます。

## 第Ⅱ章 実践・解説　第2節
# Windows・Androidの基本操作
### 新谷　洋介

## 1 Windowsの基本操作
### (1) 紹介する機器とOS

　Windows OSを搭載するタブレットPC(以下、Windowsタブレット)は、タブレットPC本体や搭載するOSのバージョンやエディションについてさまざまなものがあります。本文では、次の機器とOSを対象に解説します。

| 機器　Microsoft Surface Pro 4　　OS　Windows 10 Pro |
| --- |

### (2) 起動と終了

　Windowsタブレットの起動と終了方法を表1に示し、説明します。

表1　Windowsタブレットの起動と終了

| 状　態 | 説　明 | 操作方法 |
| --- | --- | --- |
| スリープ | 省電力状態<br>すばやい起動が可能 | スリープ状態に移行<br>・電源ボタンを押して離す<br>　　　　or<br>・[スタート]、[電源] > [スリープ]<br><br>スリープ状態から起動<br>・電源ボタンを押して離す |
| シャットダウン | 完全に電源が切れている状態 | シャットダウン状態に移行<br>・[スタート]、[電源] > [シャットダウン]<br><br>シャットダウン状態から起動<br>・電源ボタンを押して離す |
| 再起動 | 電源を切り、再度電源を入れる状態 | 再起動<br>・[スタート]、[電源] > [再起動] |

### (3) ログイン

　Windows タブレットは、利用する個人ごとにログインする必要があります。ログイン方法は次の大きく2種類あります。なお、組織で利用している場合は、紹介した2種類の他にドメインアカウントを利用していることがあります。

① Microsoft アカウント：Microsoft に登録した電子メールとパスワードを用いてログインします。インターネット接続が必要です。

② ローカルアカウント：利用する機器に関連付けられる、Windows タブレット専用のアカウントです。
※ Surface Pro 4 などの対応機器では、生体認証の一つである「顔認証」(Windows Hello) を利用することが可能です。
※ パスワードには、暗証番号、画像の上でのジェスチャ（ピクチャパスワード）を利用できます。

### (4) 画面構成

　Windows タブレットの特徴は、デスクトップ PC やノート PC と同じ OS を搭載しているため同様のことができることです。

図1

●アプリの起動

　画面上のタイルと呼ばれる、アプリのアイコンをタップします。

●アプリの終了

　画面の上部から下部までドラッグします。

(5) タッチ操作

　Windows タブレットのタッチ操作方法を表2に示し、説明します。

表2　Windows タブレットのタッチ操作

| 名　称 | 機　能 | 操作方法 |
|---|---|---|
| タップ | タップした項目を開きます（マウスのクリックと同様）。 | 項目を1回タップします。 |
| ダブルタップ | マウスのダブルクリックと同じように動作します。 | 項目をすばやく2回タップします。 |
| スライド | 画面に表示されているものをスクロールします。 | 画面上を指でドラッグします。 |
| 長押し | 現在の操作に関連するオプションが表示されます。（マウスの右クリックと同様） | 指で数秒間 押し続けます。 |
| タップ、タップスライド（タップ アンド ハーフ） | 2回タップし、2回目のタップで止めます。それからスライドします。 | アイテムを移動するか、テキストを選択します（マウスの左ボタンを押したまま動かす操作と同様）。 |

| 名称 | 機能 | 操作方法 |
|---|---|---|
| ピンチまたはストレッチ | Web サイト、地図、または画像を拡大または縮小します。 | 親指と人差し指で同時につまむようにするか、つまんだ指を離すように移動します。 |
| 回転 | アイテムを回転します（回転できる場合）。 | 2 本以上の指をアイテム上に置いて回します。 |
| スライドによる並べ替え | アイテムを移動します。 | アイテムをタップし、新しい場所にドラッグして離します。 |
| 端からスワイプする | 画面の端から内側へスワイプします。 | 右から：アクション センターを開きます。<br>左から：仮想デスクトップを表示します。 |

出典：Surface Pro 4 の基本的な使い方：Surface でタッチを使う
https://www.microsoft.com/surface/ja-jp/support/getting-started/get-started-with-surface-pro-4#accordian-4 を元に筆者が表を作成

## 2　Android の基本操作

### （1）紹介する機器と OS

　Android OS を搭載するタブレット PC（以下、Android タブレット）は、タブレット PC 本体や搭載する OS のバージョンについてさまざまなものがあります。本文では、次の機器と OS を対象に解説します。

> 機器　Nexus 9　　OS　Android 6.0.1

### （2）起動と終了

　Android タブレットの起動と終了方法を表 3 に示し、説明します。

表3　Androidタブレットの起動と終了

| 状　態 | 説　明 | 操作方法 |
|---|---|---|
| スリープ | 省電力状態 すばやい起動 が可能 | スリープ状態に移行<br>・電源ボタンを押して離す<br><br>スリープ状態から起動<br>・電源ボタンを押して離す |
| 電源を切る | 完全に電源を切る | 電源を切る状態に移行<br>・電源ボタンを長押し、【電源を切る】をタップ<br><br>電源を切る状態から起動<br>・電源ボタンを長押し |

## （3）操作方法

　Androidタブレットは、「ナビゲーションバー」と呼ばれる、ソフトウェアボタンをタップすることで操作します。

表4　ナビゲーションバーの機能

| 名　称 | 機　能 |
|---|---|
| スリープ ◁ | 操作していた1つ前の画面が開きます。前の画面が別のアプリの場合でも戻ることができます。ホーム画面まで戻ると、それ以上戻ることはできません。 |
| ホーム ○ | ホーム画面に戻ります。 |
| 最近 □ | 最近操作した画面のサムネイル画像のリストが表示されます。画像をタップすると開きます。リストから画面を削除するには、左または右にスワイプするか、[X]をタップします。 |

出典：Android 6.0 Marshmallow クイック スタート ガイド（日本語版）を元に筆者が表を作成

## （4）タッチ操作

Android タブレットのタッチ操作方法を表 5 に示し、説明します。

表 5　Android タブレットのタッチ操作

| 名　称 | 機能・操作方法 |
| --- | --- |
| タップ | 画面上のアイテム（例えばアプリケーションや設定のアイコン）を操作するときは、そのアイテムを指でタップします。画面キーボードや画面上のボタンを使用して文字や記号を入力するときには、それぞれのキーやボタンをタップします。 |
| 長押し | 画面上のアイテムの「長押し」とは、アイテムをタップしたまま、操作が始まるまでそのアイテムから指を離さないことをいいます。例えば、ホーム画面をカスタマイズするメニューを開くには、ホーム画面のアイテムが表示されていない部分をタップしたままにし、メニューが開いたら指を離します。 |
| ドラッグ | アイテムを長押ししたまま、指を離さずに画面上で動かして目的の場所まで移動する操作です。ホーム画面上のアイテムをドラッグして配置を変更できます。また、通知パネルをドラッグして開くことも可能です。 |
| スワイプ /スライド | スワイプ / スライドは、タップした最初の場所で指を止めずに、画面上で指をすばやく動かす操作です（長押ししない点がドラッグと異なります）。例えば、画面を上下にスライドしてスクロールしたり、カレンダーの一部の画面ですばやくスワイプすることで画面に表示される期間を変更したりできます。 |
| ダブルタップ | すばやく 2 回タップして、ウェブページや地図などの画面を拡大 /縮小する操作です。例えば、ブラウザに表示されているウェブページの一部分をダブルタップすると、そのセクションが画面の幅に合わせて拡大表示されます。ブラウザなど一部のアプリケーションでは、ピンチ操作の後にダブルタップすることで、テキスト列を画面の幅に合わせてリフローできます。 |
| ピンチ | 地図、ブラウザ、ギャラリーなどのアプリケーションでは、2 本の指を同時に画面に置き、つまむように指を合わせるピンチインで縮小、2 本の指を離して拡げるピンチアウトで拡大できます。 |
| 画面の回転 | 端末の向きを縦から横、横から縦に変えると、ほとんどの場合、それに合わせて画面の向きが変わります。この機能はオン / オフを切り替えることができます。 |

出典：Android 2.3　ユーザーガイド：タッチスクリーンの使い方を元に筆者が表を作成

## 3　WindowsタブレットとAndroidタブレットの特徴

### （1）マウスで操作ができる

　Windowsタブレットは、デスクトップPCと同じOSを利用しているため、マウスで操作することが可能です。Androidタブレットもマウス操作が可能です。マウスを接続すると、マウスカーソルが表示され、操作が可能になります。そのため、トラックボールなど操作しやすい外部機器を接続することも可能です。

　タブレットPCとマウスの接続は、機器にもよりますが、Bluetoothもしくは、USBマウスを接続することが可能です。ただし、USB端子は、microUSB端子を利用していることが多いため、アダプターが必要になります。

### （2）ユーザー管理ができる

　デスクトップ（ホーム画面）やアプリ、画像などの情報を、ユーザーごとに管理することが可能です。

　1台のタブレットPCに対して、授業ごとにユーザーを設定し、切り替えて利用することが可能になります。

図2

| 第Ⅱ章　実践・解説　第3節

# iOSのアクセシビリティ機能

氏間　和仁

## 1　はじめに

　iOS端末の魅力、特に、特別支援教育に携わる者にとっての魅力として、アクセシビリティ機能の充実を挙げることができます。アクセシビリティとはアクセスのしやすさ、つまり、さまざまな身体的・知的状況にあったとしても、機器の操作を行えるような、機器の操作を補償する工夫のことです。iOS端末は、このアクセシビリティの機能が、標準で豊富に搭載されているのが特徴の一つといえます。当たり前のことではありますが、iPhoneでも、iPadでも、iPod touchでも、同様のアクセシビリティ機能が搭載されているので、学校で児童生徒にiPadで指導することがある場合、教師はiPhoneやiPod touchを持っていれば、教材研究を進めることができます。

　アクセシビリティの設定は、［設定アプリ］→［一般］→［アクセシビリティ］の項目の中に凝縮されています。それでは、アクセシビリティ機能を、1 視覚、2 聴覚、3 身体機能、4 学習と読み書きの4つの項目に分けて紹介します。

　その前に、アクセシビリティ機能の共通の項目について少し説明します。アクセシビリティ機能を試す場合、特に気をつけてほしいことの一つに、慣れていない機能は「ショートカット」に設定することです。特に、Voice Over（画面読み上げ機能）やスイッチコントロールなどは、その操作方法に慣れていないと、一度入れてしまった機能を切ることに苦労します。そういった機能は、ショートカットに設定して練習しましょう。

**【ショートカットの設定方法】**

[ 設定アプリ ]→[ 一般 ]→[ アクセシビリティ ]→[ ショートカット ]

　上記の操作で、ショートカットの設定画面を表示できます。ショートカットでは、Voice Over、色を反転、グレイスケール、ズーム機能、スイッチコントロール、AssistiveTouch の機能を割り付けることができます（図1）。特に慣れない場合は、一度に複数の機能にチェックを入れるのではなく、一つずつチェックを入れておきましょう。

図1　ショートカットの設定画面

ショートカットを作動するのは、ホームボタンのトリプルクリックです。「カチッ」と手応えがあるように3回ホームボタンを押すことで、ショートカットに割り当てられた機能を作動させたり停止させたりできます。もしも、うまくいかない場合は、ショートカットのダブルクリックやトリプルクリックの間隔を長めに設定しましょう。

**【ホームボタンの間隔の設定】**

[ 設定アプリ ]→[ 一般 ]→[ アクセシビリティ ]→[ ホームボタン ]

　ここでは、ホームボタンのクリックの間隔を、デフォルト（初期設定値）、遅く、最も遅くの3段階で設定できます。目安としては、それらの項目を選択後、ボタンが点滅します。この点滅の間隔まではホームボタンを押す間隔を長くしても、ダブルクリックやトリプルクリックとして認識することを示しています。トリプルクリックをしたつもりが、アップスイッチャーが開いたり、アプリが終了したりしてしまいやすい状態の人にとって、この設定は、操作を安定させるのにとて

も有効です。

　また、教材研究だけでなく、実際には、例えば、辞書を引いていて、ある検索語の説明部分のみを読み上げさせたいとか、一時的に白黒反転したいとかといった場合に、ショートカットキーを利用すると便利です。また、Voice Over を利用している人の場合も、晴眼者に部分的に操作や設定を依頼したい場合、あるいは Voice Over の動作が不安定になった場合などに、Voice Over を入り切りするのに利用できます。

## 2　視覚

### （1）Voice Over（ボイス　オーバー）

　Voice Over は画面の文字を読み上げるだけでなく、アイコンや画面の状況を読み上げることで、画面を視覚で捉えられない人が次の操作を行うのに必要な情報を音声で与えてくれます。Voice Over をオンにすると「Voice Over の操作練習」（図2）が表示されます。こ

図2　Vocie Over の画面

こをダブルタップすると Voice Over で利用するジェスチャの練習を行うことができる画面が表示されます。Voice Over の利用は、タッチ（指の下の情報を読み上げ）、ダブルタップ（フォーカスが当たっている項目を実行）、右へフリック（次の項目へ移動）、左へフリック（前の項目へ移動）を百発百中で行えるようになると、概ね操作できるようになります。その他のさまざまなジェスチャーは、ニーズが出てきた時に一つずつ取り入れていくと無理なく増やしていけます。例えば、「いちいち右へフリックして項目を読ませるのが大変だ。」といったニーズが出てきたら、二本指上フリックを教えるといった具合です。

## (2) 画面読み上げ

画面読み上げをオンにするには以下の操作を行います。

### 【読み上げの設定方法】

[ 設定アプリ ] → [ 一般 ] → [ アクセシビリティ ] → [ スピーチ ]

　メールや Safari、その他の画面上に表示されているテキストデータを読み上げさせたい場合は、「画面読み上げ」をオンにします。実際にメールを開いて、二本指を画面の上のフレームから下に向かった長めに払う（スワイプ）と読み上げが開始されます。読み上げは、Siri を利用して「画面を読み上げて」などと指示しても行うことができます。

## (3) Siri

　Siri は、Speech Interpretation and Recognition Interface（発話解析・認識インターフェース）の略で、音声で指示をすると、その内容を解析して実行してくれる機能のことです。

### 【Siri の設定方法】

[ 設定アプリ ] → [ 一般 ] → [Siri]

　実際に Siri を利用する場合は、ホームボタンを長押しします。「ピ、ピ（音の高さ中）」という音がしたのを合図に、音声で指令を出せます。詳細は、基本操作の項を参照してください。視覚が利用できない場合、操作を進めるのに時間を要することがありますが、Siri を利用することで「近くの、スーパーを教えて。」とか、「この後の予定を教えて。」「10 分後に知らせて。」などのように必要な情報を得るための質問や指示をするだけで結果を得ることができますので、とても便利に利用

できるようになります。

### (4) 音声入力

視覚障害者にとってオンスクリーンのキーボード入力は大変な作業の一つです。サードパーティーからのキーボードも入手できるようになりましたが、簡単なメッセージやメール、メモなどは音声での入力を行うことで随分と省力化できます。

### 【音声入力の設定方法】

[ 設定アプリ ] → [ 一般 ] → [ キーボード ] → [ 音声入力 ]

上記の操作で音声入力をオンにすると図3のようにスペースキーの左側にマイクのアイコンが表示されます。音声入力をする際は、このマイクのアイコンをタップ (Voice Over が入っている場合は、

図3　キーボードの音声入力の画面

マイクにフォーカスを合わせたのち、ダブルタップ) することで行います。音声入力を利用するためにはインターネット接続が必要です。

### (5) ズーム機能

ズーム機能は仮想的に画面の部分または全体を拡大して表示する機能のことです。先に紹介したショートカットでもオン・オフを切り替えられますが、三本指ダブルタップでもオン・オフを切り替えることができます。下記の操作でズーム機能の

図4　ズーム機能の設定画面

オン・オフを設定できます（図４）。

**【ズーム機能の設定方法】**
［設定アプリ］→［一般］→［アクセシビリティ］→［ズーム機能］

　ズーム機能での拡大はフルスクリーン拡大とウィンドウ拡大があります。フルスクリーン拡大時、拡大窓を上下左右に移動する操作は三本指のドラッグで行います。ただし、Safariや写真でのスクロールは従来通り一本指でのスクロール操作になります。この使い分けにはある程度の慣れが必要です。ズーム機能使用時に考えておきたいことは、画面に表示されている文字の全てを読めないと操作できないというわけではなく、アイコンの色合いや、ボタンの配置などである程度の操作ができることです。したがって、初心者にいきなりズーム機能の練習をさせるのではなく、どうしても詳細に見る必要のあるときに三本指でダブルタップして拡大し、終わったら再び三本指でダブルタップして拡大を解除して利用するといったスポット使用から始めるのが適当です。

### （6）フォントの調整
　フォントのサイズや太さを調整する機能も搭載されています。

**【文字サイズの設定方法】**
［設定アプリ］→［一般］→［アクセシビリティ］→［より大きな文字］

**【文字を太くする設定方法】**
［設定アプリ］→［一般］→［アクセシビリティ］→［文字を太くする］

文字サイズは、メールやメモなどiOSの文字サイズに対応したアプリでは設定したサイズで表示されます。ただし、文字が大きくなっても、例えばボタンのサイズは変化しないといった状況に遭遇することもあります。このような場合、文字サイズを大きくすると、ボタンに2文字程度しか表示されなくなるといった事態になることもあるため、やたらと大きな文字サイズにすることはかえって操作性の低下につながることもあります。操作をする中で、ズーム機能も利用しつつ、文字サイズを調整していくと良いと思います。文字を太くすると文字の視認性は向上しますから、文字が薄くて（細くて）見えにくいといった場合には、文字を太くしておくとよいでしょう。

## （7）配色

　配色では、グレイスケール表示と、反転表示、透明度を下げるなどの設定も行えます。以下に設定方法を示します。

**【色を反転する設定方法】**

［設定アプリ］→［一般］→［アクセシビリティ］→［色を反転］

**【グレイスケールにする設定方法】**

［設定アプリ］→［一般］→［アクセシビリティ］→［グレイスケール］

**【透明度を下げる設定方法】**

［設定アプリ］→［一般］→［アクセシビリティ］→［コントラストを上げる］→［透明度を下げる］

**【色を濃くする設定方法】**

［設定アプリ］→［一般］→［アクセシビリティ］→［コントラストを上げる］→［色を濃くする］

グレイスケールと色を反転は、ショートカットでも設定ができますので、例えば、普段は通常の配色で画面を見ることが多く、時々、写真を見るときだけグレイスケールにするといった場合には、ショートカットにグレイスケールを割り付けておくとよいでしょう。iOS は通常重なりのある表示の場合、背景が透けて見えるように工夫されています。しかし、この表示がかえって、ウィンドウの輪郭を曖昧にして操作性を低下させてしまうことがあります。そういった場合は、透明度を下げたり、色を濃くする設定をオンにするとよいでしょう。

## （8）点字ディスプレイ

　Voice Over での出力内容を点字ディスプレイに表示することもできます。アルファベットの出力はかなり完成度が高いのですが、日本語については、点字表記では長音とすべきところが、そのまま「う」で表記されるなど、まだまだ課題は多いです。ただし、点字ディスプレイが唯一の入力手段といった利用者にとっては、点字ディスプレイへの出力機能は重要です。

## 3　聴覚

### （1）Face Time（フェイス　タイム）

　Face Time は iOS が装備している、テレビ電話システムです。インターネット回線を利用しますので、Wi-Fi 環境下では、通話料はかかりません。電話ではコミュニケーションを取りにくい状況の利用者にとっては、音声以外のコミュニケーションを可能にするリーズナブルな通信手段です。表情、手話、指文字、手書き文字などさまざまなコミュニケーション手段を可能にします。

### （2）クローズドキャプション

　クローズドキャプションは、字幕のことを指します。ビデオ、

Podcastでコンテンツを再生する際、対応しているコンテンツについては、字幕を表示させることができます。

【クローズドキャプションの設定方法】
[設定アプリ]→[一般]→[アクセシビリティ]→[字幕とキャプション]

字幕のスタイルは、幾つかのスタイルから選択することができますし、独自に文字サイズ等を設定することも可能です。したがって、それぞれの状況に応じて見やすい字幕を実現することができます。

図5　クローズドキャプションの設定画面

(3) Imessage
音声ではなく、テキストベースのコミュニケーションを可能にする機能です。グループを作成してメッセージを送り合うこともできますので、活用場面は広がります。単にテキストのみだけでなく、画像やビデオ、位置情報等も送り合うことができるため、文字だけでは伝えられない視覚情報を共有することが可能です。

(4) モノラルオーディオ
左右の聴力に差がある場合、ステレオヘッドフォンで音楽等を楽しむことには限界があります。聞こえにくい側の耳に割り当てられた音は聞こえないためです。モノラルオーディオでは、左右に割り当てられたオーディオ信号をまとめて出力する

図6　モノラルオーディオの設定画面

ため、左右の音を片耳で聴くことができるようになります（図6）。

【モノラルオーディオの設定方法】
[設定アプリ]→[一般]→[アクセシビリティ]→[モノラルオーディオ]

　また、左右の音量を調整することもできますので、聞こえ方に応じて、調整すると、両耳で快適にステレオサウンドを楽しむことができます。

## 4　身体機能

### （1）Assistive Touch（アシスティブタッチ）
　Assistive Touch は画面上にiOS機器の操作を統合できる機能です。

【Assistive Touch の設定方法】
[設定アプリ]→[一般]→[アクセシビリティ]→[Assistive Touch]

　ショートカットに割り付けることも可能です。Assistive Touch をオンにすると、図7に示したような丸いアイコンが画面に表示されます。このアイコンをタップすることで、上位レベルのメニューが表示されます。上位レベルのメニューには、通知センター、デバイス、コントロールセンター、ホームボタン、Siri、カスタムといったメニューが初期設定で、登録されています。上位レベルのメニューは、ニーズに応じてカスタマイズが可能です。

図7　Assistive Touch がオンの状態

【Assistive Touch の上位レベルメニューの設定方法】
［設定アプリ］→［一般］→［アクセシビリティ］→［Assistive Touch］→［上位レベルのメニューをカスタマイズ］

　上記の手順で、カスタマイズできます。上位レベルのメニューは最大で８つまで登録できますので、スクリーンショットや、ピンチなどニーズに応じたメニューを追加すると便利になります。ホームボタンを押すことが苦手であったり、スクリーンショットを撮ることが苦手であったり、ピンチ操作が苦手であったりなど、苦手な操作があったとしても、この機能を利用することで、iPad の操作は随分楽になります。

（２）Siri
　Siri の詳細は基本操作の項に譲りますが、電話をかけたり、メッセージを送ったり、Safari で検索したり、近くの施設を調べたりなどキーボード操作を介さずに操作を行うことができますので、上肢機能に障害がある場合であっても、手軽に操作を行えるようになります。

（３）スイッチコントロール
　スイッチコントロールは、各種スイッチを利用してスキャン方式で iPad を操作するための機能です。

【スイッチコントロールの設定方法】
［設定アプリ］→［一般］→［アクセシビリティ］→［スイッチコントロール］

上記の方法で、利用可能になりますが、ショートカットへの割り当ても可能です。慣れないうちは、ショートカットにも割り当てておいて、いつでも解除できるようにしておくと便利です。

　スイッチは、Bluetoothやライトニングコネクタに接続するタイプの外部スイッチや、本体カメラや画面を利用した本体スイッチを利用できます。図8はBluetoothで2つの外部スイッチを接続して、スイッチコントロールで操作している様子です。

図8　外部スイッチの例

　外部スイッチをつなげなくても、画面をタップすることやカメラを利用してスイッチとすることもできますので、まずはそれらの内蔵スイッチを利用してみるのもよいでしょう。

### （4）タッチの調整

　画面をタッチする際のさまざまな設定を行える機能です。手指に振戦があったり、不随意運動があったりするときに、その利用者の状況に応じてタッチの反応を設定することで、より再現性の高い効率的な操作が可能になります。

### 【タッチ調整の設定方法】

［設定アプリ］→［一般］→［アクセシビリティ］→［タッチ調整］

　保持時間は、操作中に小指が触れてしまったり、手根部が触れてしまったりした際に誤動作しないために、一定の箇所に止まって押されたときにタッチと認識する設定です。振戦や不随意運動がある際や、ついつい触れてしまうといった状況で効果的です。振戦などがある場

合、指が細く画面に連打してしまう際は、「繰り返しを無視」の設定をします。設定した時間内に連打された場合は、それが無視されます。その他にも、タップをした際指が動いてしまう場合には、タップ補助の設定をするなど、手指の運動の状況に応じたさまざまな設定が可能になっています。

### (5) 音声入力・予測入力

音声入力は、手指によるキーボード入力が困難な場合、音声での表出が可能な利用者には効果的な文字の入力方法です。キーボードのマイクボタンをタップすることで、音声入力が可能になります。単に文字だけでなく、「。(まる)」「、(てん)」「改行」といった音声に対しても対応しています。

### 【タッチ調整の設定方法】

[ 設定アプリ ] → [ 一般 ] → [ キーボード ] → [ 音声入力 ]

予測入力は、キーボード入力が困難だったり、苦手だったりする利用者にとっては有効な手段です。文字を1文字入力したときから、候補を表示します。

### 【予測入力の設定方法】

[ 設定アプリ ] → [ 一般 ] → [ キーボード ] → [ 予測 ]

### (6) 他社製キーボード

iOS機器にはプリセットされたキーボードが多種類揃っています。したがって、漢字の入力であれば中国語簡体字手書きキーボードを利用するなど、工夫により文字入力の間口を広くできました。しかし、限界もありました。そこで、iOS機器ではサードパーティーが開発し

たキーボードをインストールすることができるようになっています。

**【キーボードの設定方法】**
　App.Store にてキーボードをインストール後
[ 設定アプリ ] → [ 一般 ] → [ キーボード ] → [ キーボード ] → [ 新しいキーボードを追加 ]

　図9には、サードパーティ製の手書きキーボードを利用して、辞書を引いている様子です。かなり乱れた手書き文字であっても、「遺産」と認識しています。もちろん、日本語キーボードですのでひらがなも入力できます。このキーボードであれば、振戦のある方で、通常のキーボード

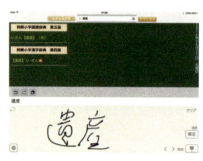

図9　サードパーティ製のキーボードの例

だと打ち間違いが多いといった悩みを抱えているケースでは、有効かもしれません。このように利用者のニーズに応じてキーボードを追加できることは、定型的な文字入力に挫折している方に希望をもたらすでしょう。

**（7）ハードウェアキーボード**
　ハードウェアキーボードを利用する際、SHIFT キーを押しながら大文字を入力したり、Command キーを押しながら C キーを押してコピーしたりなど、組み合わせて利用する場合があります。しかし、一度に２つのキーを押すことに困難のある利用者の場合は、難しい操作です。そんなとき、複合キー機能をオンにすると操作が可能になります。

【複合キーの設定方法】

［設定アプリ］→［一般］→［アクセシビリティ］→［キーボード］→［複合キー］

図10は複合キーをオンにした状態で、SHIFTキーを1回押した状態です。画面上にSHIFTキーが押された状態になっていることを知らせる表示がされます。このハードウェアキーボードの設定は、複合

図10　複合キーをオンにした例

キー以外にも、キーリピートやスローキーの設定もできます。キーリピートは、キーを長く押しても、決められた時間内であれば、1回しか文字が入力されないようになります。随意的な素早い手指の運動が難しい方に適した設定です。スローキーはキーに触れても一定時間が経過しないと入力されない機能です。不随意的な運動などで、意図しないキーに触れてしまうような困難さを抱えている方にとっては、有効な機能です。

## 5　学習と読み書き

### (1) アクセスガイド

アクセスガイドは、iOS機器を一つのアプリ専用機にするための機能です。

【アクセスガイドの設定方法】

［設定アプリ］→［一般］→［アクセシビリティ］→［アクセスガイド］

アクセスガイドをオンにすると、ショートカットに割り当てられます。利用したいアプリを起動中に、ホームボタンをトリプルクリック

すると、アクセスガイドの設定画面が表示されます。その画面で「ハードウェアボタン」の下の「オプション」をタップすると、「スリープ/スリープ解除ボタン」「ボリュームボタン」「動作」「キーボード」の選択肢が現れます。それぞれオンにすると、アクセスガイド機能を使用中にそれらの機能を利用できるようになります。「動作」はiPadを回転させたときに画面が追従する機能を指します。「制限時間」の「オプション」をタップすると、アプリを利用する制限時間を設定できます。画面の中でタップさせたくない範囲を指先で囲むとその部分をタップしても反応しなくなります。広告などを囲んでおくと効果的です。それぞれの設定をしたのち、開始ボタンをタップすると、パスコードの設定画面が表示されます。このパスコードはiPadの起動時のものとは別で設定できます。パスコードはアクセスガイドを解除するのに必要ですから、学校や施設内で共通のコードを決めておくと便利でしょう。

　アクセスガイドが機能している最中は、設定された範囲内の機能しか利用できなくなります。ホームボタンを押してもアプリは終わりませんし、スリープボタンを押しても画面は暗くなりません。広告を囲んでおくと広告をタップしてもその画面は表示されません。アクセス機能を解除する場合は、ホームボタンをトリプルクリックします。

（２）画面の読み上げ
　画面の読み上げ機能は、メールの本文や、ホームページなど、全ての内容を読み上げさせる機能や、選択した文字列を読み上げさせる機能などがあります。

【画面の読み上げ機能の設定方法】
　［設定アプリ］→［一般］→［アクセシビリティ］→［スピーチ］

上記の操作を行った後、スピーチをオンにすると、例えばホームページ閲覧中に、読み方のわからない漢字や英単語等を範囲設定すると、「読み上げ」という項目がメニューに表示されるようになります（図11）。

図11 「読み上げ」が表示された例

「画面の読み上げ」をオンにすると、メールなどを閲覧中、画面の上端から下に二本指で長く払う（スワイプ）と、画面の文字を読み始めます。

## （3）辞書

図11に示したように、文字を範囲指定するとメニューの中に「辞書」が表示されます。この辞書を利用すると、単語の意味を直接調べることができます。国語辞典、英和辞典、和英辞典などさまざまな調べ方が可能です。

## （4）Safari リーダー

Safariでホームページを閲覧時、複雑なレイアウト構造のページでは、どこを読んでよいのかわかりにくいと感じる人がいます。そういうときはリーダー機能を利用します。アドレスバーの左側のアイコンをタップすると、文字や主要な画像の部分のみが表示されます。リーダーで表示中、アドレスバーの右側の「aA」ボタンを押すと、配色、文字サイズ、書体を設定することができます。

図12 リーダーで表示された例
（上段が通常表示，下段がリーダー表示）

ここで紹介したアクセシビリティ機能は、その一部です。この情報をもとに、さまざまに工夫を凝らしてみてください。それまでは、操作が無理だと判断していたケースであっても、劇的にその可能性が拓けることがあります。

| 第Ⅱ章　実践・解説 | 第4節 |
| --- | --- |

# Windows・Androidのアクセシビリティ機能

高松　崇

## 1　はじめに

　iOS、Windows、Androidとは何のことなのでしょうか？
　それぞれiOSはApple社、WindowsはMicrosoft社、AndroidはGoogle社が作ったオペレーションシステム（以下、OS）というコンピュータ機器が動作するための最低限必要なシステムのことをいいます。これによって動くアプリケーションは違いますし、機器の操作も違ってきます。
　iOSとWindows・Androidの一番の違いは、単一のメーカー（Apple社）だけが独占販売しているのではなく、Microsoft社やGoogle社がOSをさまざまな製造メーカーに提供している点です。なのでWindows、Androidのタブレット端末は国内海外合わせて沢山のメーカーから多くの種類が発売されています。
　そのような事情もあり、Windows、Android端末には機種やOSのバージョンにより、アクセシビリティなどの機能が一部利用できないものや実装されていないもの、また操作方法が違うものなどがあります。
　この節では、各社が独自に製造販売している代表的な端末であるMicrosoft社が販売しているSurface Pro 3という端末（https://www.microsoft.com/surface/ja-jp/devices/surface-pro-3）でWindows10を、Google社が販売しているNexus 9という端末（http://www.google.co.jp/intl/ja_jp/nexus/9/）でAndroid 5.0のア

図1

クセシビリティについて説明をしてみたいと思います。

## 2　Windowsのアクセシビリティ

　アクセシビリティを述べる前に、障がい児にとってのWindows端末の優位性を考えてみましょう。

- 筋ジストロフィーなど上肢の可動域の小さい人にとって「無線マウス」を利用したり、「タッチパッド（トラックパッド）」を利用してマウスポインタを操作することで、大きな画面でも小さな手の動きでタブレットを操作することが可能です（タッチパッドの付いている外部キーボードが必要です）。USBポートのある機器では一般的な有線のマウスも利用できるものもあります。

図2

　iOSにもスイッチコントロールという機能を利用して外部スイッチなどを利用して画面操作が可能ですが、認知の高い人にとってはマウスやタッチパッドを利用するほうが操作性は高いと思います。

- ADHDなど多くの情報が気になってしまう人にとって「マルチユーザー（ログオンのユーザーによって表示するアプリケーションを変えられる）」の機能を利用して不必要なアプリケーションを非表示にすることが出来ますので、集中

図3

しやすくなります（iOSにもバージョン9.3からクラスルームというアプリを使ってユーザー切り替えも可能になっています。詳しくはhttp://www.apple.com/jp/education/preview/をご覧ください）。

## USBポートによる外部デバイスの接続

　Windowsタブレットにはデスクトップ・ノートブック型と同様にUSBポートが用意されていますので、マウス・キーボードなどの既存の周辺機器はもちろん、OAK（Observation and Access with Kinect、モーションコントロールテクノツール株式会社）や、外付け視線入力装置　トビーPCEyeGo（株式会社クレアクト）などの特殊な外部装置も簡単に利用できる点はハード面でのアクセシビリティともいえるでしょう（利用するにはUSB3.0、CPUなどハードウェアの制限がありますので、注意が必要です。詳しくはホームページなどでご確認ください）。

図4

- Windows 8からは、これまでのデスクトップという表示と、タイルというタブレット端末用にタッチ操作のしやすい画面を選択出来るようになっています。マウス操作の苦手な人には直感的なタッチ操作画面を選択すると良いでしょう。

## アクセシビリティ

　Windowsのアクセシビリティ設定へは、「コンピューターの簡単操作センター」より行います。コンピューターの簡単操作センターには大きく分けて3つのコンテンツがあります。

図5

①共通ツールへのクイックアクセス：よく使う4つの機能（拡大鏡、ナレーター、スクリーンキーボード、ハイコントラスト）をすぐに起動できます。

②推奨案で設定する：ウィザード（チャート）に沿って進んでいくことで、困りに関する推奨案を提示してもらいます。

③目的別に設定する：各項目を目的に沿って詳細設定が出来ます。

代表的なアクセシビリティ機能を説明します。

- 拡大鏡：画面を拡大して見ることが出来ます。起動中には画面上の虫眼鏡か、タスクバーのアイコンをクリックすることで設定が行えます。倍率（100%から1600%）や、表示方法（全画面・レンズ・上部固定）、オプションの変更が行えます。

図6

- ナレーター：入力したキーや、フォーカスがあたっているところなど画面上の情報を音声で読み上げることが出来ます（iOSのVoiceOverとスピーチが合わさったような感じです）。
- スクリーンキーボード：物理キーボードを操作することが難しい人が画面のキーボードを利用出来ます（タブレット端末の場合には標準で利用出来ます）。キーボードのオプション設定で、キーをクリックする（通常のクリック操作）や、キーをポイントする（設定時間ポインターがあればクリックなしで選択出来る）や、キーをスキャンする（オートスキャンモード）での操作が選択出来ます（iOSのキーボードとスイッチコントロールを合わせたような機能設定になります）。

図7

- キーボードの位置や大きさも変更が可能です。

- ハイコントラスト：通常の配色では見えにくい人などがカラーの設定をすることが出来ます。白黒反転だけでなく、見やすいカラーをクリック・ウィンドウ・テキスト・ハイパーリンクなど別に細かく設定出来ます。

図8

- 音声認識：コンピュータの操作や文字入力を音声で操作出来ます。ユーザーの音声を認識するためにコンピューターに学習させることで認識の精度を高くします。マウスグリッドという命令で目的の場所の操作をすることも可能です。

図9

　また、音声認識リファレンスカードを利用することで、よく使うコマンド（命令）を音声で処理することも出来ます（アプリの起動や文字入力だけのiOSとは少し違う便利機能です）。

- 他にも、マウスを使いやすくするための「マウス設定」や、テンキーでマウスポインタを操作する「マウス　キー」、複数のキーを同時に押すことを楽にする「固定キー」、麻痺や不随意運動のある人がキーボードを操作しやすくする「フィルター　キー」などWindowsならではのアクセシビリティ機能もあります。

- アプリの切替：画面の左端から、内側になぞり表示されたら最近使用したアプリの一覧が表示されます（iOSではマルチタスク　ホームボタンをダブルクリック）。

- スナップ：画面の左端から内側になぞり、画面が分割されれば指を離します（iOSではSplitView 画面の右端から内側になぞり、2つ目のアプリを選択）。

詳しい設定方法や、Office などのアクセシビリティについて知りたい場合には、Microsoft アクセシビリティのホームページ https://www.microsoft.com/ja-jp/enable/default.aspx をご覧ください。

図 10

## 3 Android のアクセシビリティ

アクセシビリティを述べる前に、障がい児にとっての Android 端末の優位性も考えてみましょう。

- Windows と同様に、多くの機種では「無線マウス」や「マルチユーザー」に対応していますので、手の可動域の小さな人や多くの情報が気になってしまう方には使い勝手が良いかもしれません。

図 11

- 機種により大きさや形など多くのバリエーションが選択できるので、手の大きさや使うシーンによって適切なモデルを選択することで操作性は良くなると思います。
- BIG Lancher 等に代表される高齢者・障がい者のためのユーザーインターフェース（操作画面）をカスタマイズ出来ることも便利です。これによりアイコンの大きさや 1 画面あたりの表示数

図 12

など詳細にわたって設定できるアプリを作成・配布・利用することが可能です（iOSでは基本的にアイコンの大きさやアプリ名のフォントサイズなどはカスタマイズすることが出来ません）。

## アクセシビリティ

Androidのアクセシビリティ設定へは、「ユーザー補助機能」と呼ばれ、設定の中から起動します。

以下に代表的なアクセシビリティ機能を説明します。

図13

iOSやWindowsに比べて機能が少ない印象もありますが、バージョンによって徐々に豊富になってきています。バージョンによってアクセシビリティも多少変わります。また、Androidの場合には発売されている機種によっても利用出来ない機能もありますので、事前に確認が必要です。Androidのバージョンは、設定の中にある端末情報又はタブレット情報から確認ができます。

- TalkBack（スクリーンリーダー　Android4.0以降）：音声フィードバックを使って、操作の内容を説明したり、アラートや通知について知らせたりします。初期セットアップの終了したスクリーンリーダーの起動（初期セットアップ時には別操作で起動出来ます）は、ユーザー補助からTalkBackをオンにします。

- スイッチアクセス：1つまたは複数の外部スイッチで端末をコントロール出来ます（iOSのスイッチコントロールと同様です）。スキャン方式としては、シングルスイッチでのオートスキャン、2ツイッチでのステップスキャン、複数スイッチでのオプションスキャンが選択出来ます。

図14

外部スイッチとしては、USBやBluetoothで接続出来るスイッチやスイッチインターフェース、また外部キーボードでもキーに操作

割当して利用可能、音量ボタンにも操作割当してスイッチとして利用することも可能です。
- 点字対応：対応している点字ディスプレイを Bluetooth で接続することが可能です。
- 字幕（Android4.4 以降）：端末の字幕表示をオンにしたり、字幕のオプション（言語、文字、スタイル）を指定したりすることが可能です。
- 拡大操作：この機能をオンにした状態では、トリプルタップして画面を押し続けることで、任意の場所をズームすることが可能です。また画面から離すことで元の表示に戻ります。

図 15

- テキストの読み上げの出力：音声読上エンジンは端末によって違いますし、GoogleStore から読上エンジンを別途インストールすることも可能です（iOS でのスピーチと同様です）。
- 押し続ける時間：長押しと判断するまでの時間を調整出来ます。緊張のある人などが画面のタップ操作をする場合には有効です（iOS でのタッチ調整　保持継続時間と同様です）。

図 16

- 他にも文字のフォントサイズを変更する「大きい文字サイズ」、コントラストを変更する「高コントラスト　テキスト」(Android5.0 以降)、パスワードの入力を音声出力する「パスワードの音声出力」（ヘッドセットを使用している場合のみのオプションです）、「色反転」「色補正」(Android5.0 以降) などの機能もあります。

図17

　Googleアクセシビリティについて知りたい場合には、Android Accessibility ヘルプ https://support.google.com/accessibility/android/answer/6006564?hl=ja&ref_topic=6007234 をご覧ください。

## 第Ⅱ章 実践・解説　第5節
# 特別支援教育で使えるアプリ（iOS）

高松　崇

## 1　はじめに

　iOSデバイス（iPadやiPhone、iPod Touchなど）の魅力には特別支援教育で使えるアプリケーションの豊富さがあります。直感的なインターフェースとホームボタンが1つしかないという簡素化が相まって、発達年齢が1歳半ぐらいであればiPadは操作出来るというようなレポートもあります。

　また、タブレット端末にはクロスメディア（音声認識や文字認識・手書認識などの技術を利用した聴覚情報→視覚情報・視覚情報→聴覚情報への変換）活用が簡単であることも、これまでのコンピュータとの違いです。

　特別支援教育向けに作られたアプリケーションもありますが、多くは一般向けに作られたものを発想とアイデアで利用します。

　Apple Storeを見ても、教育というカテゴリがありその中には、大学生・高校生・中学生・小学生・幼稚園児・子ども向け5歳以下・子ども向け6歳－8歳・子ども向け9歳－11歳・さわって遊べる絵本・遊んで見つけて学ぼう・はじめての言葉と数・教師/講師スターターキット・教師向けツール・絵を描こう・クリエイティビティを高めようなど多くのカテゴリで分類されています。

図1

　この節では、Apple Store

では分類されていない切り口で、あくまでも個人的な主観ですがタブレット端末ならではの iOS アプリケーションを幾つか紹介します。

## 2　視覚障害

　視覚障害といっても、全盲の人・弱視の人・色覚異常の人など困りはそれぞれ違います。アクセシビリティの設定は別の節にありますのでここではアプリケーションについて解説します。

・全盲の人：視覚情報を聴覚情報に変換します。

### TapTapSee — 視覚障害者向け画像認識カメラ
(https://itunes.apple.com/jp/app/taptapsee-shi-jue-zhang-hai/id567635020?mt=8)
識別したい対象にカメラを向け、画面を2回タップして写真を撮ると、それが何であるか音声で読み上げます（注：音声での読み上げを有効にするため、本体の設定で VoiceOver を有効にしてください）。

### ColorSay — 世界をカラーで聞こう！
(https://itunes.apple.com/jp/app/colorsay-shi-jiewokarade-wenkou!/id605398028?mt=80
iPhone、iPad や iPod touch のカメラを使って周辺をスキャンして ColorSay が色を聞こえるようにすることが出来ます。

### i よむべえ
(https://itunes.apple.com/jp/app/iyomubee/id774360278?mt=8&ign-mpt=uo%3D4)
活字文書の認識および読み上げを行うアプリです。

**Light Detector**
(https://itunes.apple.com/jp/app/light-detector/id420929143?mt=8)

明るさを音の高低で表現します。

・弱視の人：綺麗な液晶画面で情報を拡大します。

**UD ブラウザ**
(https://itunes.apple.com/jp/app/udburauza/id986238350?mt=8)

見やすさや使いやすさを考慮して作成した教科書や教材等の書籍を閲覧（ブラウズ）するためのソフトウェアです。

**明るく大きく**
(https://itunes.apple.com/jp/app/mingruku-dakiku/id452483657?mt=8&ign-mpt=uo%3D4)

小さな文字などが読みにくい人のための読字補助ツールです。

**BIG SHOW**
(https://itunes.apple.com/jp/app/big-show/id478283715?mt=8)

画像を極限まで拡大して閲覧できるアプリです。

### MD evReader
(https://itunes.apple.com/jp/app/md-evreader/id602074340?mt=8)

加齢黄斑変性の方が、本（電子書籍　EPUB形式　日本語のEPUB可能）を読むためのものです。

・色覚異常の人：色の補正・変更をかけて見やすくします。

### 色のめがね
(https://itunes.apple.com/jp/app/senomegane/id388924058?mt=8)

色覚異常などが原因で、色が見えにくい、色を見分けにくい人のための色覚補助ツールです。

### Visolve for iPhone
(https://itunes.apple.com/jp/app/visolve-for-iphone/id324196121?mt=8)

色覚異常の方をはじめとするさまざまな方々のための色覚補助ソフトウエアです。

## 3　聴覚障害

聴くことに困りを感じている人には、聴覚情報を視覚情報に変換することが有効です。

音声認識技術を利用して音を文字に変換することや、時と場所を超えた文字でのコミュニケーションは便利です。

### SpeechCanvas
(https://itunes.apple.com/jp/app/speechcanvas/id920330942)
聴覚障害者と健聴者との会話を、音声認識技術を使って強力にサポートするアプリです。

### こえ文字トーク
(https://itunes.apple.com/jp/app/koe-wen-zitoku/id998769314?l=en)
音声を文字に変換して一緒に会話したり、イヤホンを使って音量を増幅できるアプリケーションです。

### EasyHearingAid
(https://itunes.apple.com/jp/app/easyhearingaid/id477648318?mt=8)
職場の同僚との真面目な会話、お友達とのおしゃべりを手助けする、集音器のような補聴アプリです。

**しゃべって ― 手書き文章をあなたにかわってしゃべります**
(https://itunes.apple.com/jp/app/shabette-shou-shuki-wen-zhangwoanatanikawatteshaberimasu/id689679198?mt=8)
指で文字を書いて、「話す」ボタンを押すだけの簡単操作。大きな画面の iPad に最適です。

**UDトーク ― コミュニケーション支援・会話の見える化アプリ**
(https://itunes.apple.com/jp/app/udtoku-komyunikeshon-zhi-yuan/id666188441?mt=8)
コミュニケーションの「UD＝ユニバーサルデザイン」を支援するためのアプリです。

**手書き電話 UD**
(https://itunes.apple.com/jp/app/shou-shuki-dian-huaud/id843076093?mt=8)
離れた相手とリアルタイムに手書きでコミュニケーションがとれるアプリです。

## 4　肢体不自由

　手での操作が難しい子どもたちには外部スイッチなどを利用するスイッチコントロールやアクセスガイドなどのアクセシビリティが有効ですが、視線や声で操作のできるアプリケーションなどもあります。

**声シャッター ― ハンズフリー & かんたんカメラ**
(https://itunes.apple.com/jp/app/shengshatta-hanzufuri-kantankamera/id617413682?mt=8)
ユニバーサルデザインを意識した誰でも簡単に使えるカメラアプリです 好きな掛け声でカメラのシャッターをきることが出来ます。

**MagicReader**
(https://itunes.apple.com/jp/app/magicreader/id505117386?mt=8)
タッチフリー電子書籍リーダーです。画面を一切触らずに、顔を左右に振るという動作で、指の代わりにページをめくることが出来ます。

**あいとーく Lite**
(https://itunes.apple.com/jp/app/aitoku/id780192366?mt=8)
言語による会話や筆談の困難な方のための iPad・iPad mini 用"瞬きによるコミュニケーションアプリ"です。

**Cheeez**
(https://itunes.apple.com/jp/app/cheeez/id794277430?mt=8)
2つのiOSデバイスを利用して、1つをリモコンに別の1つをモニターに出来るカメラアプリです。

**Switch Box Invaders**
(https://itunes.apple.com/jp/app/switch-box-invaders/id590004243?mt=8)
手の操作が難しくても、簡単にインベーダーゲームを楽しむことが出来ます。

　上記以外にも、肢体不自由の方むけに作られたアプリケーションは沢山あります。詳しくは「肢体不自由児のためのタブレットPCの活用」（日本肢体不自由児協会編）をご参照ください。

## 5　知的障害

　子どもたちの世界（知識）や経験に合わせて簡単にカスタマイズの出来るアプリケーションが沢山ありますし、子どもたちでも非常に高度な作品が作れる創作活動にも使えます。

**Jigsaw Box**
(https://itunes.apple.com/jp/app/jigsaw-box/id374251470?mt=8)
自分たちのお気に入りの画像でジグソーパズルを作って楽しめます。

**YumYum かたちパズル**
(https://itunes.apple.com/jp/app/yumyum-katachipazuru/id464191931?mt=8)
まる、三角、四角など「かたち」をテーマにした２〜８歳の子ども向け知育パズルゲームです。

**ぐるぐる！**
(https://itunes.apple.com/jp/app/guruguru!/id498599631?mt=8)
描いた絵が動き出す、子どものための画期的な知育アプリです。

**Quiver - 3D Coloring App**
(https://itunes.apple.com/jp/app/quiver-3d-coloring-app/id650645305?mt=8)
専用の用紙を印刷して塗ったら、このアプリで３D画像が動き出します。

**わたしのはらぺこあおむし いろとかたち**
(https://itunes.apple.com/jp/app/watashinoharapekoaomushi-irotokatachi/id1076980474?mt=8)
エリック・カールに学ぶ色彩と図形には魔法がいっぱい！

## 6　発達障害

### たっち＆リード
（＊執筆時点ではアプリのアップデート中とのことで、Store には載っていません）
読み書きに困りを持つ子どもたちが、プリントを撮影し音声読み上げ、キーボード入力が出来ます。

### ボイス オブ デイジー
(https://itunes.apple.com/jp/app/boisu-obu-deiji/id335608379?mt=8)
DAISY 録音図書を再生するアプリです。

### MetaMoJi Note — 手書きノート & PDF ＋録音
(https://itunes.apple.com/jp/app/metamoji-note-shou-shukinoto/id557121061?mt=8)
手書きノートアプリ 板書を画像で保存したり、授業を録音したりと 1 つで何役もこなします。

　紙面の都合でこれ以上紹介出来ませんが、タブレットならでは！というアプリを選択して紹介しました。他にもコミュニケーションに使うアプリやスケジュール管理、教科学習、教材作りなど本当に多くの場面で利用することが出来ると思います。
　みなさんもタブレット端末ならではの使い方を是非体験してみてください。新しい世界が見えてくるかも……

第Ⅱ章 実践・解説　　第6節

# 特別支援教育で使えるアプリ（Windows）

小川　修史

## 1　Windowsタブレットって iPad や Android と何が違うの？

　Windowsタブレットはよく iPad や Android タブレットとよく比較対象にされるのですが、これらのタブレット端末とは大きく異なる点があります。それは、Windowsタブレットはタブレット端末であり、同時に「パソコン」であるということです。iPad や Android タブレットは、「タブレット端末専用機」であることから、Windowsタブレットはパソコンとして使えるのが大きな違いでしょう。

> Windowsタブレットのメリット
> ・1台で複数のユーザアカウントを管理できる（ログイン/ログアウトの概念がある）⇒特定のアプリしか起動しないユーザアカウントを作成することも可能
> ・USBインタフェースが内蔵されている⇒USBメモリやDVDプレイヤーと接続が可能
> ・スイッチや視線入力装置等、外部機器との接続が容易である
> ・Microsoft Office 等、パソコンに慣れた人はそのまま使える
> ・ブラウザが Flash に対応している（後で説明します）

## 2　Microsoft Office を使いこなそう！

　Windowsタブレットの最大のメリットは、Microsoft Office が使えることです。Microsoft Office は iPad や Android タブレットでも提供されていますが、使い勝手は Windowsタブレットが一番でしょう。それでは Microsoft Office の活用事例を紹介します。

　Microsoft PowerPoint でフラッシュ型教材を作成する画面に表示された課題を瞬時に答えていく形式の教材をフラッシュ型教材とい

います。問題⇒答え⇒問題⇒答えの順にスライドを作成しておき、瞬時に次々と提示することによって、理解度に応じた教材を、その子のペースに合わせて提示することが可能です。とはいえ、

図1

フラッシュ型教材を作る時間がない……という方は、下記HPで会員登録（無料）すれば、なんとPowerPointで作成された1万個以上のフラッシュ型教材の中から、自由にダウンロード出来ます。
eTeachers公式ページ　http://eteachers.jp/

## 3　Microsoft OneNoteでデジタルノートを作成する

Microsort OneNoteは表や図、音声、動画、メモ、PDF、WordやPowerPointで作成したファイルなど、さまざまなデータをノートに張り付ける感覚で使えるデジタルノートアプリです。デ

図2

ジタルノートは、これらのデータを簡単に移動・再構成できる点や、書字に困難さを示す児童生徒でもきれいに整理できる点、授業内容の構造化や思考の整理が可能な点など、さまざまな点でメリットがあります。デジタルノートアプリは数多くありますが、他のデータと連携しやすいという点で、OneNoteは非常に優れたアプリといえるでしょう。

## 4　Microsoft Wordで書いた文章を読み上げる

Microsoft Wordは、「和太鼓」というフリーアドインを使えば、Word内で書いた文章を「ハイライトしながら読み上げ」してくれる

機能があるのです。和太鼓は下記サイトにアクセスして、インストール（無料）すればすぐに使えますので、是非試してみてください。
和太鼓：http://www.geocities.jp/jalpsjp/wordaico/wordaico.html
（※2016年度内に，後継ソフト「WordTalker」がイースト株式会社から販売される予定です．）

図3

## 5　Microsoft Word でデジタル教科書を表示させる

　オンライン図書館 AccessReading では、読むことに困難さを示す児童生徒のためのデジタル教科書の電子データを入手することができます。入手したデジタル教科書は Word で表示できるため、和太鼓を使って読み上げたり、レイアウトを変更したり、自分にあった方法で読むことができます。
　AccessReading：http://accessreading.org/
　他にも Microsoft 社は、Microsoft Office を学校で使うためのさまざまな資料やアイデアを公開しています。中には、校務文書作成支援に関するお役立ち情報や、学級新聞のひな型など、すぐに使える情報が公開されていますので、是非アクセスしてみてください。
　すぐに使える！役立つ！先生のためのICT活用広場：https://www.microsoft.com/ja-jp/education/ict/default.aspx

## 6　Windows タブレットで使えるアプリ集

　Windows ストアで公開されている Windows タブレット用のアプリも、近年、魅力的なものが増えてきました。今回はその一部を紹介します。

### 見比べレッスン（有料、試用版あり）

　動画を2つで表示し、見比べることに特化したアプリです。ただ同時に再生させるだけではなく、マーカーで動画上に描画することが可能です。体育の運動場面を想定して開発されたアプリですが、それ以外の場面でも使えそうですね。

図4

### 小学生かんじ：ゆびドリル（有料、試用版あり）

　漢字ドリルアプリ。紙媒体の漢字ドリルとは異なり、大きなマス目に書ける部分がポイントです。「書き取り」「読み取り」「きそがため」「力だめし」など、さまざまなモードが準備されており、児童生徒に合った使

図5

い方が可能です。自習にも使えそうですね。なお、他にも算数学習版や英語学習版もあります。

### ゴ・ゴ・ゴリラ

　思わず笑顔になってしまう、うた絵本アプリです。このアプリには「遊ぶ」モードが搭載されて

図6

おり、自由に楽器を演奏して、音遊びを楽しむことが出来ます。

### ぽんぽん・わーるど　おしごとなあに

スイッチ対応教材で有名な「ぽんぽん・わーるどシリーズ」が、Windows版アプリとして登場です。外部ス
図7
イッチで操作することを前提に開発されているので、肢体不自由の児童生徒でも簡単に遊ぶことが出来ます。

### テガキマインド

こちらは、無料のマインドマップ作成ツールです。このアプリの特筆すべき点は、「無駄な機能」が一切ないこと。従って、すごく直感的かつ簡単にマインドマップを作成することが出来ます。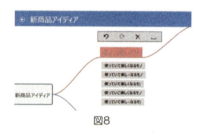
図8

他にも、さまざまなアプリが提供されています。Microsoft社より、特別支援教育で使えるアプリ一覧がPDF形式でダウンロード可能ですので、是非参照してみてください。

## 7　特別支援教育向けFlash教材を使えるのはWindowsだけ

Windowsタブレットの隠れた？利点として、Webブラウザが Flashに対応しているという点が挙げられます。FlashはWebコンテンツを作成するソフトで、実はタブレット端末が登場する以前よ

り、特別支援教育におけるICT活用に熱心な方々が、Webブラウザ（Internet ExplorerやMicrosoft Edge）上で利用可能な教材をFlashで開発し、公開されてきました。なお、Flashで開発されたWeb教材は、iOS（非対応）やAndroid（サポート終了）では使えませんので、タブレット端末で利用できるのはWindowsのみになります。それでは、Flash教材で有名なサイトをご紹介しましょう。

### KanzaSoft 学習教材集

ひらがな・カタカナ・漢字などの書き方やお金の学習など、オンラインで学べる学習教材集です。2015年の時点

図9

で285種類ものソフトが公開されています。教材は質も重要ですが量も重要です。その両方を兼ね備えたサイトといえるでしょう。
KanzaSoft：http://kanza.qee.jp/

### Flash教材

国語、算数の教材を中心に、こちらも非常に多くの教材が公開されています。Webブラウザで出来る教材に加え、印刷してプリント

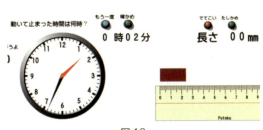

図10

教材として使用できるものもあるので、状況に応じた教材の提供が可能です。
http://flash-educ.boy.jp/

**FLASH 教材試作室**

「ことば」「かず」に関する教材に加え、楽しみながら学べるゲームやコミュニケーション・エイドなど、さまざ

図 11

まな種類の Web 教材が公開されています。「遊んで作るプリント教材『おはなしつくろう！』」シリーズは、自分で車や乗り物を配置してから、プリントしてお話を作るという構成になっており、デジタルの利点とアナログの利点をうまく融合した教材といえます。
http://www.geocities.jp/caz77610akimoe/flashtop.html

## 8　おわりに

　Windows タブレットは iPad や Android とは異なる魅力が満載です。Windows タブレットの利点をしっかりと把握し、お持ちの方はぜひ試してみていただければと思います。

| 第Ⅱ章　実践・解説 | 7節 |
|---|---|

# 特別支援教育で使えるアプリ（Android）

新谷　洋介

## 1　アプリのインストール

図1　Play ストア

　Android タブレットのアプリは、「Play ストア」でインストールする他にも、「Play ストア」に登録されていないアプリや、第三者が作成したアプリストアを利用することも可能です。

　［設定］→［セキュリティ］→［端末管理：提供元不明のアプリ］を有効にすることで、提供元が Play ストアではないアプリをインストールすることが可能になります。ただし、アプリの審査がされていない場合があり、危険が生じるアプリがある可能性がありますので、信頼のできる開発者からのアプリか、Play ストアに登録されているアプリを利用することが基本となります。

図2

## 2 アプリの紹介

（1）ファイル管理

　Androidタブレットは、Androidタブレットで撮影した写真を、USBメモリにコピーするなどの、ファイル操作が可能です。

　「Playストア」で、『ファイル』等をキーワードとしてアプリを検索するとさまざまなファイル管理アプリが見つかります。

　ここでは、ダウンロードや撮影した写真などを探し、開くことが出来る、Androidタブレット標準のファイル管理の方法を紹介します。

　［設定］→［ストレージとUSB］→（任意の保存媒体）をタップします。（任意の保存媒体）では、Androidタブレット本体や接続したUSBメモリ等を選択出来ます。

図3

　主な保存場所は、次の通りです。
- DCIM　　　カメラ機能で撮影したファイル
- Download　ダウンロードしたファイル

（2）キーボード

　「Playストア」で、『キーボード』等をキーワードとしてアプリを検索するとさまざまなキーボードアプリが見つかります。

Google
手書き入力

　ここでは、手書き入力が可能になる、「Google 手書き入力」を紹介します。このアプリは、Androidタブレット上のキーボードとして動作するため、キーボード入力が対応アプリ上でも利用が可能です。

図4

　子どもの実態に応じて、適切なキーボード入力方法を選択することが可能です。

## (3) Android タブレットで Windows PC を操作

インテルリモート
キーボード（Intel Remote Keyboard）

　Android タブレットの画面を、PC のキーボードやマウスとして利用が出来るアプリです。Windows PC に、必要なソフトウェアをインストールし、指示通り設定することで入力が可能になります。同一 WiFi 上に Android タブレットと PC が接続されていることで利用出来ます。

　画面上のキーボードは、Android タブレット上で設定しているキーボードが利用可能です。予測変換が出来るものや、手書きキーボード、

図5

フリック入力のキーボードなど多様なキーボードを使い PC の入力が可能になります。また、画面全体をトラックパッドとしてマウス入力も可能です。

### （4）ホーム画面の変更

Nova Launcher

「Nova Launcher」は、ホーム画面をカスタマイズ出来るアプリです。ホーム画面に表示するアプリアイコンの数を変更することや、グリッドの間にアプリアイコンを配置することが出来ます。

壁紙の工夫とあわせて、子どもの実態に応じた、画面配置が可能です。また、アイコンの位置を保存できる機能があるため、子どもや授業に応じてカスタマイズしたホーム画面を呼び出して利用することも出来そうです。

なお、Android タブレットは、標準機能で、同じアプリのアプリアイコンを複数配置することや、ホーム画面にアプリアイコンを表示しないことが可能です。「読み」や「国語」などのフォルダを作成し、それぞれに同じアプリを入れることも可能です。

図6

## （5）自動化

Llama - Location Profiles

　Androidタブレットの動作を条件に応じて自動で制御するためのアプリです。例えば、決まった時間に特定のアプリを起動させたり、特定の場所に入った場合に、WiFiを有効にしたりすることができます。
　オーディオジャックにイヤホンを接続すると、音楽アプリを起動する設定が可能ですので、イヤホンを接続すると音楽を聴くことができるように、手順を簡易化することも考えられます。

図7

## （6）メモをとる

Google Keep -
メモとリスト

　メモをとることができるアプリです。記録する方法が、文字入力、音声入力、カメラでの撮影とさまざまな機能に対応しています。また、音声入力をすると、文字変換されるため、記録した内容を検索することが可能です。

図8

　（2）で紹介した実態に合わせたキーボード入力、写真撮影、音声入力など、得意な方法でメモをとることが可能です。

## （7）外部機器との接続

Sphero

　Androidタブレットを操作することで、外部の玩具等を動かすことが出来る例を紹介します。ここでは、ボールをラジコンのように操作出来る「Sphero」を紹介します。

　次頁の写真の例は、コントローラー等の操作が難しい子どもがタブレットを操作することで、絵の具を付着したボールを動かし、大きなキャンパスに絵を描いているものです。アプリには、コントローラー風の物や、画像のような線を描いた通りにボールを動

かすものなどがあります。

図9

## 3　おわりに

　iPad や Windows タブレットの章で、障害に応じたアプリや学習上活用出来るアプリが紹介されているため、この章では、Android タブレットならではのアプリや、外部機器との接続など別な視点からアプリを一部紹介しました。アプリによっては iPad 版、Android 版など両方対応しているものもあります。

# 第Ⅲ章
# 実践事例

# 第Ⅲ章　実践事例

## 第1節　視覚支援のための iPad 活用

氏間　和仁

## 1　はじめに

　ここでは、視覚支援のための iPad や iPod touch、iPhone 等の iOS で動作する iOS 機器の活用について紹介します。はじめに言葉について整理します。視覚支援（Visual Support）という言葉を、最近よく耳にするようになったのではないでしょうか。視覚支援は、「視覚を」支援することと、「視覚で」支援することの2つの側面があることが指摘されています（金森、2014、1）。長年、視覚障害教育に携わってきた感覚からすると、視覚支援という言葉は、あまり馴染みがなく、視覚補助機器に代表されるように、視覚を補助する、視覚情報を補償するといった言葉の方が、馴染みがあります。しかし、最近は、視覚障害教育の中でも、視覚補償を視覚支援と表現されることが多くなってきていると感じています。そこで、図1のような整理を本節ではしておきたいと思います。

　視覚支援には、視覚補助、視覚代替、視覚化支援の3つの概念が含まれており、視覚補助はこれまでの弱視者への支援、視覚代替は

視覚支援
- 視覚補助 ── 視知覚の制限による見えにくさがある場合に、拡大やコントラスト増強等の方法で視知覚を補助する手法
- 視覚代替 ── 視覚が活用できない、あるいは部分的に活用できない場合、音声や振動等、視覚以外の感覚モダリティで視覚情報を代替する手法
- 視覚化支援 ── 認知面に課題があり、図示や文字化等による可視化により認知を促す手法

図1　視覚支援の整理

盲や色覚特性により色覚を含む視覚を実用的に活用できない状態の人に対する感覚モダリティの転換による視覚情報補償、視覚化支援は可視化により話者や指導者の思考を視覚化により外化して、受け手の認知を促す支援です。視覚化支援は、発達障害・知的障害及び聴覚障害の状態で利用されることが多いのではないでしょうか。金森の指摘するところの、「視覚を」支援するのが、視覚補助と視覚代替、「視覚で」支援するのが、視覚化支援となります。本節では、このうち、視覚補助と視覚代替にまつわるiPad等の活用事例を紹介します。

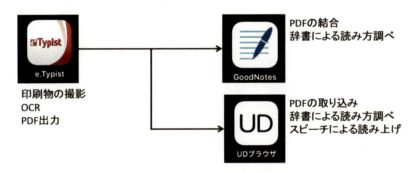

図2　アプリバッテリーの例

　本節の中で、「アプリバッテリー（Appli Battery）」という言葉を使っています。これは、ある目的を達成するために利用される一連のアプリ群のことを意味しています。何かの目的を達成するために、1つのアプリで解決することもありますが、幾つかの関連のアプリを組み合わせて目的達成に迫ることの方が多いように、日々の教育活動で感じています。そんな場合の、アプリの組み合わせのことを、私たちはアプリ　バッテリー（App. Batt.）と呼んでいます。したがって、ここでもApp. Batt.（アプリバッテリー）という表現を用います。アプリバッテリーは1つのアプリでは補えない機能を複数のアプリを組み

合わせることで目的に迫ることを意味しますので、コアになる安定した組み合わせと、ニーズによって加えたり、別の方法（例えば紙と鉛筆を使うなど）と組み合わせたりするオプションの部分があります。

## 2　視覚障害教育と情報機器の活用

　視覚障害は視覚由来の情報の制限または遮断を強いられます。他の感覚と比べ、視覚から得られる情報量の多さ（教育機器編集委員会、1972）から、視覚障害は情報障害の状態になりやすいです。そのため、情報処理機器の活用は、彼らの活動性（activity）を向上させ、社会参加（participation）を促すための重要な手段となります。このことはオプタコン（本間、1978）、弱視レンズ（湖崎・中山・岩井、1969; 長淵、1968）、エレファックス（拡大コピー機）（藤川、1970）、拡大読書器（村中、1977）、パソコン（佐藤・中野、1993）、携帯型情報端末（PDA）（氏間・小田、2003）、デジタルカメラ（川嶋・小椋・柿澤、2013）といったさまざまな情報機器の利用が、視覚障害者の学習や就労といった社会活動への参加を後押ししてきたという実績が物語っています。現在、目覚ましい発展を遂げ、社会への浸透が急速に進む情報機器に、タブレット型端末があります。この機器も視覚障害者の情報処理を促し、視覚補助や視覚代替の強力なツールの一つとなり、視覚障害者の学習や生活に大きな影響を与えてきています（河野・氏間、2016; 和田・氏間、2015）。本節は、特に視覚障害教育におけるタブレット型端末（iPadやiPod touch、iPhone、以下、iPad等）の活用の様子を紹介し、タブレット型端末の活用が視覚障害者の活動に与える影響を確認し、その可能性について皆様と考えていきたいと思います。

## 3　視覚補助機器の中のiPad
### （1）iPad等を選択する理由

　「液晶タブレット＋カメラ＋ネットワーク＋環境センサ＋GPS＋スピーカー＋……」と、さまざまな機能を持ち合わせるタブレット型端末にはさまざまな種類があります。その中でも、ここではiPad等（Apple社製）を取り上げます。視覚障害者が扱う主な情報処理機器としては、PC（パーソナルコンピュータ）、拡大読書器、点字情報端末、その他のタブレット型端末を挙げることができます。その中でiPadは、タブレット型ならではの「可般性」「携帯性」「直接的操作」「直感的操作」といった特徴のほかに、PCにはない「安定性・操作性・標準で豊富なアクセシビリティ」、拡大読書器にはない「拡張性・汎用性・一般性」、他のタブレット型端末にはない「規格統一性・実績・セキュアで完成度の高いアプリ」、点字情報端末にはない「一般性、廉価性」を兼ね備えています。もちろん、その逆でiPad等にはない長所を他の機器は持っていることは言うまでもありません。また、iPadと同じOS（Operating System：基本システム）を利用している、iPad mini、iPhone、iPod touchと比較すると、画面サイズが最も大きく、弱視者には、この点で視覚補助機器として魅力があります。一方、盲の方が視覚代替機器として利用する場合は、画面の大きさはかえって扱いにくさとなりやすいため、iPod touch、iPhone程度の胸ポケットに収まるサイズが適切といえます。さらに、なんといっても、使ってみたいと思わせるエンゲージング（engaging）さと、実際に使ってみた場合、多種の障害特性に対応できる、豊富で高質なアクセシビリティ機能が標準で搭載されている点は特筆すべき点といえます。そのような魅力的な機器が視覚補助機器や視覚代替機器の一部を担えるということは、これまでにない選択肢の出現といえるでしょう。ワシントンジャーナルの電子版は2009年12月末に、「アップルのとんでもないタブレット」という見出しで、記事を出しました。

その際の「とんでもない」はここで指摘しているポイントとはずれてはいましたが、さまざまな意味で、とんでもないタブレット型端末であることに違いはないでしょう。これらの魅力に満ちた機器は、PCの次世代の機器として国際的に注目され、Murphy, G. D.(2011) は、①学習コースや科目の教材へのユビキタスな（時と場を選ばない）アクセス、②利用登録とメンテナンス、③学生同士、学生と教師間の連携、④各種のコンテンツの操作、⑤インターネットなどで得た素材を取り入れる、⑥機器の拡張の点が長所であると指摘しています。Meurant, R、(2010) は韓国の学校にワイヤレス教室を設置し、そこで iPad を利用した授業を展開し、いつでも、どこでも学習できる iPad の利便性を報告しています。ただし、これらの iPad 等の優位性を示す特徴は、2016 年現在のことですので、今後、趨勢が変わる可能性があります。

## （2）目的に応じた選択が重要

　iPad 等が PC や拡大読書器、単眼鏡や拡大鏡、点字情報端末にとって代わるということはありえません。しかし、これまでの視覚補助機器や視覚代替機器にはなかった多くの長所を兼ね備えていることは明らかで、この事実が、視覚障害教育における iPad の活用に期待を寄せる理由です。「iPad ありき」「弱視レンズありき」ではなく、子どもの状態や目的、将来にわたる指導方針、子どもの 10 年後の姿、20 年後の姿を見据えた、「今」の指導が求められています。

　情報機器の中での選択においても、大画面が必要であれば Android や Windows のタブレット型端末の方が、選択肢の幅が広がります。音声利用の場合は胸ポケットにでも入れられる iPod touch 程度のサイズが適しています。また、本格的なレポート作成や業務での利用などの高度な情報処理やアクセシビリティ機能を利用するにはいわゆる PC、特に点図や点字を扱う場合は Windows の PC が適しています。

点字を中心に利用したい場合は点字情報端末が適しています。目的に応じて機器を選択する必要があります。

### (3) 視覚補助機器の中のタブレット型端末の指導の考え方

タブレット型端末をはじめとする視覚補助機器を指導する段階を、氏間(2014)は4つのステップで捉えることを提案しています(図3)。これまでの教育相談や授業研究で行われてきた内容を例に紹介します。

| 見て，気づき |
|---|
より見やすい環境下で，視覚の存在を自覚

| 見る楽しさを知り |
|---|
魅力的な拡大法を利用して，楽しみながら視覚を活用

| 見ようとする気持ちを見出し |
|---|
視覚活用をより効率化するための利用技術の熟達

| よりよく見ようとする態度を醸成する |
|---|
目的に応じた補助機器選択と，未熟達技術の獲得

図3　視覚補助機器の指導段階

①見て、気づく段階：より見やすい環境下で、視覚の存在を自覚する段階です。より見やすい環境を整備し、私たちが見ているものと同じ「見える」を子どもにも経験させ、それを共有することを主目的とした段階です。例えば、暗室での光遊び、ブロックを触りながら見て行う型はめ、視認性の高いベルに見て気づき振って鳴らす活動、拡大文字の絵本等で文字の存在に気づき、文字を意識していく等々、視覚以外の感覚も併用しつつ、「見て、気づく」活動を展開します。この段階でも視覚活用教材のひとつとしてタブレット型端末のアプリ（例え

困難:「見て,気づく」段階で,見ることを体験から学んでいる。表出が見られない/少ない。
目的:見ることに気づく,感覚遊び,因果関係の学習,目的物に応じた因果関係の学習,意思の表出。

NodeBeat
光や音の心地よさに気づく
好きな光・音を見出す
指導者と一緒に光や音を楽しむ

Sound Box
画面に手を伸ばす,声を出す,キーボードを叩くことと,光と音が現れることの関係性に気づく
好きなタイミングで,好きな長さ,光と音を出す
リズムや音程が意識できる

Light Box
画面に手を伸ばす,光と音が現れることの関係性に気づく
好きなタイミングで,好きな長さ,光と音を出す
光が主体で,音は効果音

Touch Trainer
画面の絵を意識して,タップすることに慣れる
画面に大きく表示された絵をタップすると,その絵がリアクションする

paintone
幾つかの絵を押し分ける
指導者が準備した絵と音の組み合わせの部品を画面上に配置できる
押したい絵をタップして好きな音を聞く,欲しいおやつの絵をタップしておやつを食べるなど

DCell Voice
整列した絵を押して意思を表出する
指導者がVOCAを準備する

図4 感覚遊びからコミュニケーション初期段階までの App. Batt.

ば、iPad の PainTone や PartySound など)の活用は有効です。この段階では、佐島(2009)および若松・小島・本沖・氏間(2010)が提案する指導法などが参考になります。iPad で指導する、感覚遊びからコミュニケーションの初期段階までのアプリバッテリーを図4に紹介します。外部キーボードや iPad タッチャーなどのスイッチ類を利用することで、肢体不自由を併せ持つ子どもも利用することが出来ます。

②見る楽しさを知る段階:魅力的に感じる拡大法やコントラストの増強法を利用して楽しみながら視覚を活用する段階です。例えば、iPad で身の回りのモノを大きくして見る〔電子的拡大〕、ポンと置けば拡大されるスタンプ型拡大鏡を用いて身の回りのモノを大きくして見る(相対距離拡大)、単眼鏡などで遠くの景色を見る(角度拡大)、畳より大きく地図を拡大して見やすい地図上で地図学習を楽しむ(相対サ

イズ拡大)、羞明を訴える場合はタイポスコープやオーバーレイで絵本を読む(網膜像のコントラスト増強)など、見ることの楽しさを知るための活動を展開します。弱視者の視覚補助の方法としては、このように「網膜像の拡大」と「網膜像のコントラスト増強」の２つの軸が基本です(図５)。弱視者が眼を使う際困難な内容については、(1)細かい部分がよくわからない、(2)大きいものでは全体把握が困難である、(3)全体と部分を同時に把握することが難しい、(4)境界がはっきりしない、(5)立体感が欠ける、(6)運動知覚の困難なものが多い、(7)遠くの物がよく見えない、(8)知覚の速度が遅い、(9)目と手の協応動作が困難の９つの項目が指摘されています(佐藤、1988、19-23)。図５の中で、網膜像の拡大の項目と比較すると、相対サイズ拡大でカバー出来る項目は、(1)、(2)、相対距離拡大でカバー出来る項目は、(1)、角度拡大でカバー出来る項目は、(1)、(7)、であるのに対し、電子的拡大は、(1)、(2)、(3)、(4)、(5)、(6)、(7)、(8)、(9)と全ての項目について、何らかのソリューションを提案することが出

【網膜像の拡大】

- 相対サイズ拡大
  拡大コピーや拡大教科書のように視対象そのものを大きくする。
- 相対距離拡大
  視対象に近づいく方法で、一般的に拡大鏡を用いる。
- 角度拡大
  一般的に単眼鏡を用いて遠くにある視対象を拡大する。
- 電子的拡大
  カメラと処理装置、ディスプレイを用いて視対象を拡大する。

【網膜像のコントラスト増強】

- 遮光眼鏡
- 外光の調節
  ブラインド、カーテン、ひさし、ツバ付き帽子等
- 照明の調節
- タイポスコープ
- 輪郭線
- 高輝度の配色
- 白黒反転
- 単純化
  図の単純化、背景の単純化

図5　視覚補助のポイント

来ます。ここでiPad等のタブレット型端末は、とても有力な視覚補助機器と言えるでしょう。しかし、使いたいと思って、実際に利用するまでのスタンバイ時間や、堅牢性、カメラが苦手な逆光や明度のダイナミックレンジの大きな視対象を見る場合などは、拡大鏡や単眼鏡は優れていますから、守備範囲が広いからという理由のみで、最高に優れていると単純に解釈することは出来ません。しかし、この守備範囲が広いという事実は電子的拡大の優れた特徴であることを指導者は心得ておく必要があります。

　このようにたくさんの視覚補助の方法があるわけですから、本人があまり使いたがらない視覚補償法を精神論で利用させるようなことがあってはいけません。特に人前で利用する場合は注意が必要です。この段階で、視覚補助機器を利用する場合は、トレーニング色を前面に出さず、見ること、見えることの楽しさを感じて利用出来ることを大切にすることが重要です。猪平（1999）は、「子どもにとっては見ることが快く、喜びの経験と重なって初めて、見ようとする意欲が養われ、見る力を発達させることができる。」と、視覚活用の原動力として、「見ることによる喜びの経験」の重要性を指摘しています。佐島（2009）は、「まず視覚を活用することの楽しさに気づき、保有視覚の積極的な活用とその基礎的能力を育て……。」と指摘しています。この段階は、これらの指摘と同様のねらいを持っています。「〇〇が使えなければいけない。」とか、「〇〇が先だ」といったアプローチではなく、「この子は、〇〇で見るのが得意だから、それでしっかり見る活動をしましょう。」といったアプローチが重要です。

③見ようとする気持ちを見出す：視覚活用をより効率化するための視覚補助機器の利用技術を熟達させる段階です。拡大鏡・単眼鏡・拡大読書器・タブレット型端末など、どれか、またはいくつかの視覚補助機器を使いこなし、使いこなすことで、より見えることを体験させ、

さらに努力して使用技術を向上させ、見ようとする気持ちを見出す活動を行う段階です（図6）。見る楽しさを十分に味わい、弱視者自身が見ることの意義を実感している場合は、トレーニング的なアプローチも有効です。このようなアプローチが可能なのは、猪平(1999)が指摘している、「視覚活用の原動力としての『見ることによる喜びの経験』」を十分に積んでいるためです。

図6　視覚補助機器の使用練習の様子
（左上：単眼鏡，右上：iPadで漢字学習
　左下：拡大鏡，右下：iPadで資料撮影）

　トレーニングの実際についてはRandall T. J. (1983)（梁島・石田訳 (1992)）、稲本・小田・岩森・小中・大倉・五十嵐 (1996)、氏間 (2011) などの方法が参考になります。これらの文献には、指導例が示されていますが、トレーニングの際は、何のために利用するのか、その使用目的を明確にし、その達成に向けた指導が重要です。指導プログラムを実施することが目的にならないようにトレーニング計画を立てたり、目標を設定したりすることが指導者には求められます。

④より良く見ようとする態度を醸成する：目的に応じた補助機器の選択と未熟達技術を獲得する段階です。不慣れだったり、人前での利用を恥ずかしいと思っていたりした視覚補助機器であっても、目的に応じてより良い道具を選択して、より良く見ようとする態度へと進化していく段階です。例えば、iPadのカメラアプリで電車の電光掲示板を映して見る際、電光掲示板には、問題なくiPad等の画面に表示できるタイプと、そうではないタイプとがあります。第3段階までが十分に経験できていることで、そのような事実を十分に理

解できており、今まで利用してきた視覚補助機器の限界についても自覚があります。同時に、見ることの意義も十分に理解されているため、第4段階の態度の醸成は無理なく実施できます。氏間（2015）は、ある小学生が、単眼鏡のトレーニングのみでなく、iPad を利用して見る楽しさを感じながら、見ることの意義を認識できる授業展開を実施することで、単眼鏡の扱いがより能動的になったことを報告しています。このような事例からも、第1段階から第3段階までの経験が重要であることが伺えます。

これらの、4つの段階は、佐島（1999）が指摘する指導ステップの基本的考え、「見える・分かる・できる活動」にも対応していると考えられます。つまり、第1段階が「見える活動」、第2段階が「分かる」活動、第3段階が「できる活動」であり、さらに第4段階として「発展的な活動」を加えた形と言えます。この段階は氏間（2015）が報告しているようにスペクトラム状に移行するもので、また絶対的な順序性があるとは限りませんが、教育相談や授業研究を行う中で、児童生徒の内面を捉えながら、目的に応じたトレーニングをオーダーメイドし、視覚補助機器の選定や指導の実施を行う際の指導ステップの枠組みとして活用できます。

## 4　iPad の活用の実際

本節では、iPad の活用場面を視覚補助機器と視覚代替機器の2つに焦点化し、学習材、教授材、視覚支援機器、情報処理機器の4つの視点で整理します。

### （1）学習材としての iPad

学ぶ（学習）ための原料（材）という意味を込めて、学習材と表現します。

図7は、北九州視覚特別支援学校の北野琢磨氏と行った科学へジャンプ in 岡山（2012年10月28日実施）でのワークショップの終盤の場面です。ワークショップでは、「音を体験しよう」をテーマに、音は個体を伝わる、液

図7　「音を体験しよう」WSの様子

体を伝わる、気体を伝わる振動であることを体験的に学び、最後にオシロスコープapp.を用いて、その振動を見ることができる活動を設定しました。そこでは、参加者が発する声を波形で見たり、正弦波を発声器app.で出力し、振動数を数える活動を行いました。このオシロスコープと発声器の役割をiPadが担いました。その結果、次のような効果が得られました。

　①オシロスコープを一人1台（one to one）で準備でき、他人を気にすることなく、納得がいくまでじっくりと、見やすい距離で観察することができ、②オシロスコープの画面は視機能に合わせて白地に黒と黒地に白を選択でき（アクセシビリティ機能）、③机の上に各自のオシロスコープを平置きにして並べて、お互いが観察した波形を比較することができました。これらの効果を市販のオシロスコープ専用機でどこまで実現できるでしょうか。ここで利用したアプリは、iPhone用の「FreqAnalyzer」というアプリでした。iPhone用のアプリをiPadにインストールすると2倍のサイズで表示できます。文字の表示サイズだけでなく、ボタンなどのサイズも大きくなるため、弱視者の中には、iPad用が用意されているアプリであっても、iPhone用のアプリを入れて使っているケースもあります。このように、じっくりと、視認性が高く無理なく、十分な時間を確保した活動は、香川（2009）が指摘する、弱視の基本的支援そのものだと考えら

れます。

　ワークショップの最後は、オシロapp.で波形を観察するときに、オシロapp.をポーズして、波形を止めた状態で、ホームボタンと電源ボタンを同時に押し、スクリーンショットを撮影し、その画像に観察した内容を書き込みました。

> 【音の観察のApp. Batt.】
> FreqAnalyzer（波形観察）
> ＋
> Skitch（画像への書き込み）

　図8は、視覚特別支援学校で行った東洋医学の模擬授業の一場面です。授業で登場した漢字の中に「虚」という文字がありました。ここに映っている生徒は、その漢字を漢字筆順辞典app.を利用して調べていました。

図8　東洋医学の模擬授業の様子

弱視者が困難を感じる活動のひとつに漢字の読みを調べることが挙げられます。漢字筆順辞典app.は手書きで漢字を調べ、読みや用法、筆順を確認できます。手書きする際、多少の筆順の間違いであれば許容してくれます。この生徒のように読みが分からない漢字を直ちに検索し解決することができます。小学6年生に漢字書き取りテストを行った際、小学2年の配当漢字以上の学年の漢字の成績で、晴眼児よりも有意に弱視児が低かったことが報告されています（徳田・黒川・佐藤、1987; 氏間・一木、2015）。普段、晴眼児のように、身の回りの文字や板書中の教師の手の動きを視認できない弱視者は、漢字の覚え間違いを修正したり、漢字の定着を促したりする機会が晴眼児よりも制限されます。このようなアプリを活用し、漢字検

索を身近にすることは弱視者の漢字定着に貢献する可能性が考えられます。

図9は、弱視特別支援学級での社会の授業の終盤の様子です。ノートに書ききれなかった板書を撮影しています。日常的に弱視レンズを利用したとしても、どうしても書き切れないことがあります。そのような事態に遭遇す

図9　書ききれなかった板書をiPadで撮影する小学5年生（弱視特別支援学級）

る弱視者は、学年が上がるにつれ多くなります。そんなとき、iPadのカメラapp.を利用して、板書を撮影しておくことで、家庭でのノートの整理や写し間違いの確認、正確な漢字の学習などに利用できます。中学校に進学した弱視者で板書視写で困ったことがあると回答した者は58人中52人であった（太田、1997）という報告が示す通り、弱視者の中で板書を写すことに課題を感じている者が多いことが分かります。一方、盲学校中学部に進学した者には板書視写で困難を感じた者は0名であった（太田、1997）ことから、この困難は通常学級で際立っています。いつも自分のそばに撮影できる機械があることがどれほど心強いでしょうか。私が授業見学をした中での経験だけでも、連絡黒板、教科書の細かな図、試験問題、友だちの描いた絵を撮影する通常学級の小学生、数学の解答例を撮影する高校に通う弱視生がいました。また、河野・氏間（2016a）の調査によれば、調査対象となった大学生2名全員が、iPhoneやiPadのカメラ機能を記録目的で利用していました。また、和田・氏間（2015）の視覚補助機器を利用している当事者への聞き取り調査では、学年が上がるにつれ、ICT（特にタブレット型端末）の活用頻度が上昇し、大学生では同年代の全活用事例数の実に半数を占めました。視覚障害者にとって、情報機器の

活用は欠かせないことを示した結果であると同時に、指導者はこのようなな事実を受け止め、それに対応できる指導を目の前の児童生徒に計画的に行っていく必要があるでしょう。

　ここで紹介した事例は、one to one（一人に1台）の環境で、初めてiPad等の威力を発揮できるものです。さらに、板書を撮影して家庭学習で利用することを考えると、個人のタブレット型端末の学校への持ち込み利用（BYOD：Bring Your Own Device）を積極的に検討する必要もあります。

---

**【板書視写の App. Batt.】**
カメラ（板書を撮影）
＋
メモ（板書写真の整理とコメント記入）
※メモ app. は目的に応じて差し替える。

---

## （2）教授材としてのiPad

　教授材は、教える（教授）際に利用される原料（材）という意味で用います。

　図10は、先に紹介した科学へジャンプ in 岡山の一場面です。教師用iPadに表示したPDF形式の資料を、生徒用4台の各iPadに表示して、供覧している様子です。Presenter App. を利用して、Wi-Fiで接続されたiPad間で供覧しました。教師の手元のiPadで行う、ページめくり、ピンチアウトによる拡大、書き込みの操作結果を、生徒用のiPadで閲覧できます。さらに、生徒が別のスライドをじっくり見たいと思ったときは、自分のiPadのPDFのページだけを前後させたり、拡大したり、書き込んだりすることもできます。それらの書き込みのされたPDFを保存して、後で復習のために確認もできます。

　図11は、2013年8月28日に視覚障害特別支援学校で授業を実施した様子です。教師が準備した資料を2名の生徒が供覧し、教師の

図10　教師用の資料を供覧する生徒たち

図11　供覧中の板書に書き込む様子

　発問に対して、その資料に一人の生徒が書き込んでいます。他の生徒はその書き込みの様子を閲覧でき、授業へより積極的に参加できます。このように教師が示した資料に、教師が生徒全員に発して書き込んだり、生徒が他の人とは共有せずに自身のメモとして書き込んだり、あるいはこのように教師の発問に対してある生徒が答えた結果を即時に共有したり、その書き込まれたPDFを保存して再利用したりすることができます。その結果、教師の教授行動は多様となり、児童生徒もより主体的に授業に参加でき、さらにそれぞれの見え方に応じた表示が可能です。これらの内容を実施するためには、one to oneやBYODの環境が必要で、さらにこのように教授材として供覧システムを構築するためにはWi-Fiによるネットワーク接続が必要です。

　図12は、生物の授業で、PDF化された資料集をiPadで拡大して確認している様子です。弱視の児童生徒に教師が教える際、拡大コピー

を準備することは日常的な授業準備です。しかし、カラーで全てを準備するのは、設備の充実した学校でなければ困難ですし、それなりに経済的コストもかかります。高校になると教科書については拡大教科書が出版されていたとし

図12　生物の資料集のPDFをiPadで拡大して見ている様子（通常の高校）

ても、資料集までは拡大本は行き渡っていません。さらに資料集は写真がぎっしり掲載されており、文字が小さかったりすることが多いです。しかし、全てを拡大してしまうと、拡大教科書の比にならないほど多くのページ数になり、実用性が低くなってしまいます。そんな状況を打開するのがタブレット型端末です。慶應義塾大学の中野教授が研究リーダーとして取り組んでいる研究は、このようなニーズに貢献するもので、すでに高等学校の教科書デジタルデータをiPadで利用する実証試験が視覚障害特別支援学校でスタートしています（小倉・山本・中野・相羽・氏間、2014）。図12の生徒は視力が0.1で、写真や文字の確認はiPad上で行い、マーカーや書き込みは紙の冊子上で行っていました。生徒が追いついていないときは、ページをめくったり、見るべき図を指示したり、ピンチで拡大したりと、科目担当の教師が補助をしていました。一般的な機器が視覚補助機器になっていることで、教師にとって、教えやすさが向上していると考えられます。また、この生徒の場合、iPadにPDFを保存して利用することを提案したのは、一般の生物の教師でした。一般的な機器を視覚補助機器として用いる効果の一つだと思います。つまり、特別な視覚補助機器の場合、通常の学校の教師は、自分にはその専門性がないと考え、積極的に活用法を提案したり、操作を補助したりすることはないでしょう。しかし、一般的な機器の一つであるiPadが視覚補助機器の役割を担

うことで、本ケースの場合、教師がその活用法を提案でき、操作の支援も行っていました。インクルーシブ教育時代のこれからの弱視者支援を考えるうえでも貴重な経験でした。

図13は、2014年1月20日に、視覚障害特別支援学校で実施した授業の様子です。盲の生徒が1名、弱視の生徒が2名のクラスでした。ここでは、ホームページを記述するのと同じ形式で記述された授業用レジュメを、供覧しました。ただし、弱視の生徒はそれぞれの視覚特

図13 出前授業で盲と弱視の生徒に授業を実施している様子

性に応じた状態で表示させ、盲の生徒は音声で利用しても読み間違いが生じないような工夫をして表示させました。ここで重要な考え方が、ワン・ソース　アンド　マルチ・ユース (one source and multi use) です。1つの素材をさまざまな形式で利用できるように工夫するということです。漢字仮名交じり文を音声化する場合、一度、音韻データを生成します。その際、まず考えられるのが、音韻データ化の際に参照する辞書やアルゴリズムを鍛えることです。しかし、下関を「しものせき」と読むのか、「げかん」と読むのか、幸子は「さちこ」か「ゆきこ」かといった一つ一つの事案に応えるのは困難です。そこで、氏間・小田 (2003) は、コンテンツ側に音韻情報を持たせるシステムを提案し、その基本システムの開発及び検証を実施（氏間、2007）し、氏間・中野・相羽・田中・永井・韓 (2014) は、その効果を実際の授業場面で確認しました。教師が準備するのは1つのコンテンツで、音声ユーザは、そこから音韻データ付きの形式で表示させて音声や点字ディスプレイで閲覧し、弱視ユーザは配色や文字サイズ、ルビの有無、行間等をそれぞれの視覚特性に応じて表示することができました。音

声化して利用する場合、視覚代替となり、文字サイズの拡大や配色変更は、視覚補助となり、ルビ表示は視覚化支援となります。デジタル機器はこのように多様なニーズに1つのコンテンツで応えることができるという、長所を持っています。このような効率的なコンテンツ作成と利用者の多様なニーズに応えるためのシステム構築は、インクルーシブ時代の教育において特に重要になってくる考え方です。

## （3）視覚支援機器としてのiPad

電子的視覚補助機器として、EVES(electronic vision enhancement system)が位置付けられ、その代表として、拡大読書器があります。いまやタブレット型端末もその一翼を担っています。最新の拡大読書器では、タブレット型端末と据え置き型拡大読書器が融合した機器が登場しています（氏間・韓、2014）。そんな中iPadをEVESとしてより良く利用するための研究（氏間・木内、2012）も行われてきました。iPadは、EVESを使途として開発されていないにもかかわらず、その使途に注目が集まる、不思議な存在なのかもしれません。EVESの中では異色ですが、弱視者がタブレット型端末を導入する際、基本となる利用法であるとも考えられ、タブレット型端末初心者の教師が実践しやすい活用法です。理科授業でiPadを導入して弱視生徒が確認できる事象や行える操作が増え、生徒が積極的に興味・関心を持って実験や観察を行う様子が以前にも増して見られたという報告（北野・氏間、2013）が示すように、弱視者自身が見える環境を整えることで、積極的に授業へ参加できるようになり、その身近な機器としてiPadは位置付いていると考えられます。

図14は、2012年12月に中学校の弱視特別支援学級で行われた理科授業の様子です。電流計や電圧計の表示盤をスタンドに取り付けられたiPadで拡大して観察しています。視覚障害特別支援学校にあるような、弱視者が占有できる大型表示盤の電流計を、通常の学

校が所有していることはないでしょう。供覧用で所有していたとしても、それは全体での共有用であり、弱視者のために利用されることは想定していないと考えられます。視覚障害特別支援学校ほど視覚支援の教材・教具が充実していない通常の学校であっても、

図14 電流計や電圧計をiPadで拡大して観察している様子
（中学校弱視特別支援学級）

スタンドに取り付けられたiPadを計器の前に置き、カメラapp.でズームすると、表示盤がiPadの画面いっぱいに広がって表示されます。専用の拡大読書器ほどの出費を伴わず、EVESとして利用できるiPadは、学校の種別を問わず、EVESとして弱視者の「見える」を支援する機器として有効です。この応用は通常の学校・視覚障害特別支援学校の別を問わず、いくらでも想像できるでしょう。こうすることで、通常学校であったり、大型の電流計等が整備されていない視覚障害特別支援学校であっても、眼前で拡大された表示盤をじっくりと観察したり、必要があれば写真や動画で記録したりすることができます。さらに、明るく大きくapp.を利用すれば、iPadの画面上でライブ映像に対してコントラストや明るさを調節できたり、コントラスト極性を替えたり（ネガポジ反転）、ポーズしたりできるため、単に拡大されるだけでなく、コントラストの点でも見やすい表示盤を短時間で作り出すことができます。最近は標準のカメラapp.でもコントラスト調節はライブ映像に対してできるようになっていますが、明るく大きくapp.とはユーザーインターフェイスが異なるので、児童生徒の実態や用途に応じて使い分けるとよいでしょう。

　図15は冬芽を撮影したものです（2013年1月）。冬芽と一緒に定規を写し込むことで、写真をピンチアウトして、定規の目盛りやその

間隔を拡大することができます。こうすると弱視者は自信を持って1mmの目盛を数えることができるようになります。うまくいくと、0.1mmの精度でも測れます。普段、長さ・角度・温度など、目盛りを読み取って測る活動は、弱視者は苦手で、自信を持てない活動となりやすいです。タブレット型端末を用いて拡大することで、苦手な

図15　冬芽の観察で撮影された写真

活動を1つ減らせることにつながったケースです。この写真では、背景に白い板を置いています。背景に対象物とのコントラストが上がるような色を単色で配することで、弱視者は対象物を捉えやすくなり、効率的な観察を促すことができます。最新の機器の活用の際にも、このような弱視教育の基本をおさえておくことは重要です。

図16は、顕微鏡の接眼レンズの視野をiPadで拡大している様子です（2014年11月23日実施）。顕微鏡には専用のカメラやその画像を表示するパソコンソフトも市販されています。しかし、iPadを利用することで、①顕微鏡の接眼レンズを覗く場合と同じ姿勢で顕微鏡に対す

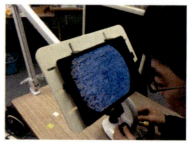

図16　顕微鏡の接眼レンズの視野を映している様子

ることができるため顕微鏡の操作がしやすくなる、②iPadのアプリ（例えば、明るく大きくapp.）を利用することで、プレパラートのコントラストが低い場合に、コントラストを高めて観察しやすくできる、③動画や静止画を撮影しApple TVでの供覧が可能であることなどのメリットがあります。最近では、タブレットが搭載されたタイプの顕微鏡や、顕微鏡にWi-Fiルーターが内蔵され、タブレット型端末に顕

微鏡で捉えた映像をリアルタイムで転送できる顕微鏡などが販売されており、これらの世の中の動きは弱視者にとって朗報です。

　図17は、接眼ミクロメーターと一緒に写しこんだ写真です。これは、岡山の高校生が生物の授業で撮影した写真です。操作技術が向上すると、このような写真を自分自身で撮ることもできるようになります。

　図18は科学へジャンプ（2014年11月23日実施）の様子です。葉の気孔のレプリカのプレパラートを各自が作成し、顕微鏡で観察している様子です。はじめは、顕微鏡の接眼レンズにiPadのカメラを合わせることに参加者は苦労していましたが、作業を繰り返す中で、プレパラートの作成を含め、参加者の操作技術が上達し、観察をスムーズに行えるようになりました。参加者の感想では、それまで顕微鏡で観察した経験がなかったり、十分に見た経験がなかったりといった状況でしたが、タブレット型端末で顕微鏡の接眼レンズを観察するのは特に見やすいということでした。

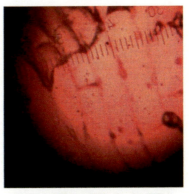

図17　顕微鏡の接眼レンズの視野を映している様子

図18　観察した内容をワークシートにまとめている様子

　ある中学校の弱視学級の生徒AがiPadを車いすに取り付けて修学旅行に参加した時の様子を紹介します。2012年12月のある日、iPadを貸出し利用してもらっていた中学校の担任教諭から「修学旅行へ持って行っていいですか」との連絡をいただきました。もちろん、快諾し、A君は車いすを利用していたので、すぐにiPadを車いすに取り付けるためのアームを発送しました。修学旅行が終わった後、先

生からの報告メールと写真が送られてきました。その写真には、友だちと一緒に記念撮影したＡ君が写っていました。担任の先生のメールには、iPadで観光地を見ている彼に友だちが話しかけたり、彼のiPadの写真を一緒に見たり、彼が集団の真ん中にいたりと、初めて見る、Ａ君と友だちとの関係がそこにはあったと書かれていました。単眼鏡で見学する際は、①友達とは距離感があり、②何が見えているのか確実にはつかめず、③見せたい事象の指示も出しにくく、④一度に見える範囲が狭く、全体と部分の関係を捉えにくいといった状況があります。しかし、タブレット型端末で見学することにより、①友だちは見慣れた機器で、一般的な機器であるため、近寄りやすく、②見えているものが視覚情報として確実に把握でき、③見るべき事象をその場で指示したり、拡大して画面いっぱいにしたりといったことが可能になり、④弱視者本人の見やすい環境を共有しやすくなります。さらに、鮮明な画像は晴眼の同級生にとっても魅力的であり、それらさまざまな要因が作用して、Ａ君と友だちとのこれまでには見られなかったやりとりが見られたものと考えられます。タブレット型端末は、万能で全ての場面で視覚補助機器として利用できるわけではありませんが、これまでの視覚補助機器にはない長所をもっている新たな視覚補助機器であることに間違いないでしょう。

　次に、視覚代替機器としてのiPad等について取り上げます。視覚代替機器ということは、利用者の視覚による情報処理が実用上困難な状況と考えられます。したがって、視覚代替機器で利用する多くの場合は、サイズ感から、iPhoneやiPod touchが推奨されます。ただ、iPod touchでは利用できないアプリがありますので、注意が必要です。少し想像してみてください。視覚を利用しないで以下のことを行おうとした場合、どんなソリューションがあるでしょうか？

　　●時間の認識（タイマーアプリ）
　　●空間の認識（コンパスアプリ、GPSアプリ）

- 明暗の認識（光感知アプリ）
- 色の認識（色認識アプリ）
- お札の識別（お札識別アプリ）
- 活字の認識（OCRアプリ）
- 主体的読書（サピエの活用）

　これらの活動を既存の機器で行おうとすると、およそ30万円の費用が必要ですが、iPhoneのアプリで実現しようとすると、数万円で行えます（図19）。もちろん、専用機には専用機の長所がありますから、

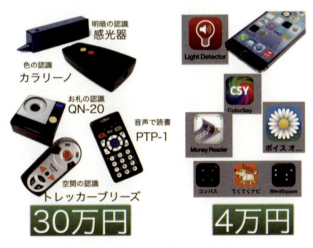

図19　既存の機器とアプリ

価格だけで、アプリが優位だということはできません。しかし、この事実を知っておくことは、支援者として必要なことです。当事者にとっても、これまで縁遠かった機器（機能）への距離は縮まるのではないでしょうか。例えば、「感光器（光の強弱を音の高低に変える機器）を5万円出して手に入れようとは思わなかったけれど、持っているiPhoneに100円程度のLight Detector App.をインストールするとその機能を手に入れられるなら試してみたい！」と考える人もいるのではないでしょうか。そうすると、これまでは我慢していた多少

の不便を解決するための機能を手に入れられるようになると考えられます。見えている人に、明暗を知るということに、それほど利得を感じる人はいないかもしれません。河野・氏間（2016b）が実施した携帯端末を利用している当事者への聞き取り調査の結果によれば「部屋の明るさをパーセンテージで教えてくれる。」「電気の消し忘れを防ぐことができ、電気の節約ができる。」「人を呼んだ時は、だいたい40～80％にすることで、明るさに気を遣うことができる。」といった機能をiPhoneのLight Detector App.で手に入れた方もいました。

図20は、私たちが実施した、科学へジャンプでのワークショップの様子です（2015年8月8日、12日）。図20の上段に実験の様子、下段に実験装置の模式図を示しています。このワークショップのテーマは、「光が網膜に届く原理を考えよう。」でした。このテー

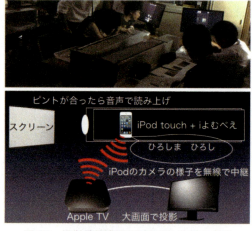

図20　視覚代替機器を利用した実験の様子

マを実現するためには、盲の参加者にピントが合ったことを知らせる手立てを、実験装置に組み込む必要がありました。そこで利用したのが、iPod touchと、iよむべえapp.でした。同アプリには、ライブ読み上げ機能が搭載されています。この機能は、カメラに映る映像の中に文字を認識すると、それを音声化して読み上げるものです。大きな筒の先にはレンズ、その筒の中に一回り細い筒が差し込んであり、その先には白いトレーシングペーパーを張っています。同じく細い筒の中にはiPod touchが取り付けてあり、トレーシングペーパーに映る映像にカメラが向けられています。太い筒と細い筒をスライドさせ

てレンズとトレーシングペーパーの距離を変えていき、トレーシングペーパーに実像が映ると、i よむべえ app. が文字を音声化します。ここで、ピントが合ったことを盲の参加者は知ることができます。晴眼者であれば、筒の中のトレーシングペーパーを肉眼で観察して、ピントが合ったかどうかを確認できますが、盲の参加者はそれができません。そこを視覚代替機器で確認する実験装置です。ピントが合ったら、この筒に取り付けてある触察できるメジャーで像点距離を測定でき、盲の参加者が自立して像点距離を測定できる実験装置です。図20の上段の様子は、この iPod touch から送られた映像を Apple TV で受けて、大型ディスプレイに映し出している様子です。弱視の参加者もこの手の実験は苦手で、ピントが合う様子を初めて見たと証言する参加者がほとんどでした。視覚代替と視覚補助を兼ね備えた実験装置で、これはタブレット型端末なくしては決して実現することができない方法であると考えられます（氏間・中野、2016）。このワークショップ参加者から寄せられた感想の一部を以下に紹介します。

- 私が受講したワークショップの中で一番心に残ったのは、「網膜に像が映る仕組みを理解しよう！」でした。像が映る様子を観察するための実験に使用した装置はとても大型で内部には iPad が組み込まれていました。この装置は視覚障害者でも実験が分かりやすく行えるよう、工夫が凝らされていると思いました。二人一組で行った実験では、ペアの人とコミュニケーションが取れたのでよかったです。（高3 点字）
- 氏間先生のワークショップでは目の構造をそんなに理解していなかったのでとても参考になり、視覚的なことが多い学問を音声で実験できたことはとてもうれしいことでした。（高3 点字）
- 網膜についてのワークショップは今学校の授業で習っている範囲でもあったためとても勉強になりました。また、高校生の講座という

こともあり実験をして結果を得るだけでなく、そこから皆で考察をしていくのは、難しいとこもありましたが楽しかったです。(高3 墨字)
- 光についてのワークショップでは、iPod touch を利用して光の強さを感じることができました。工夫をすれば視覚障害でも光の学習を解りやすく学ぶことができると思いました。以前までは光の分野が苦手でしたが興味が出てきました。(高2 点字)

　この実験装置を使って行ったワークショップは、これまで彼らが経験することのなかった学習であったことがよく分かります。と、同時に iPad 等のさらなる可能性を確認することができました。

## (4) 情報処理機器としての iPad 等

　最後は、情報処理機器としての iPad 等です。そもそも iPad 等はタブレット型携帯情報端末ですから、本来の機能といえます。

　図17は、弱視の高校生が彼女所有の iPad を用いて撮影して「先生　生物の時間の成果です。授業中＋20分かかりました 笑」というメッセージと共に送ってくれたものです。彼女は高校で生物を選択しており、顕微鏡の操作を習熟したいということで教育相談に訪れたことがありました。タブレット型端末は操作が容易だといっても、その操作を習得する過程は、タスクによっては必要で、適切な指導が求められます。彼女はこのような写真を撮れるようになり、撮った写真を処理して活用して高校の授業に参加しました。このような写真はノートなどにも再利用ができます。そして、何よりも、彼女の高校をはじめ、教育相談に関わっている通常の学校では、BYOD がほぼ100%認められています。世の中の理解が進んできていることを肌で感じます。

　図16と図18は、科学へジャンプ in EHIME で実施したワークショップの様子です。図18は、気孔を顕微鏡で観察し、撮影した写

真を、GoodNotes app. で開いたワークシートに貼り付け、文字を書き込んで、学びを整理している様子です。この後、ワークショップでは Good Notes app. で各自が作成したワークシートを Presenter app. を用いて供覧し、発表しました。さらに、プリンタで印刷し、参加者がお土産として持ち帰りました。

---

【観察と整理のための App. Batt.】

カメラ（観察対象を撮影）
＋
Good Notes（ワークシートへの観察結果の整理）
＋
Presenter（ワークシートの供覧，知の共有）
＋
Canon Print（ワークシート印刷，地の保存）
＊印刷アプリは，プリンタに依存します。

---

iPad 等で授業を行うとノート整理ができないのではないかとか、インパクトはあるが学びが薄いのではないかといった意見をいただくことがありますが、学んだことを整理し、蓄積していくことができますし、iPad で作成したノートは印刷して綴っていくことも可能です。その上 iPad だと、撮影した写真をシームレスに利用でき、小さい枠であっても拡大して書き込むことができ、修正で書いた文字を消す場合も綺麗に消すことができるなど、弱視者にとって利得が大きいです。

その他、河野・氏間（2016b）が実施した調査結果から引用すると、弱視者では、

- iPhone があれば、パソコンがなくても、学校サイトで時間割・連絡事項を確認できる。（大学生）
- カメラで撮ってデータを残すことで、大事なことを忘れないようにできる。（高校生）
- ワーポイントのデータを予めとっておくことで、授業のデータを事前に持つことができる。（大学生）

- Lineでグループを作り、授業で言われた問題集の確認を行ったりすることができる。文字は大きく太くに設定して、見やすくしている。（大学生）
- 紙媒体に慣れていたから、紙媒体を置きつつ、テキストデータ教科書では細かいところを見ることができる。（大学生）
- 先生をよけながら撮影して、家に持ち帰ってから板書を書き写すことができる。（高校生）
- 受験のために資料を集めないといけないときに、スクリーンショットで画像をためて後から見返すことができた。（大学生）
- Googleカレンダーと同期し、紙手帳のかわりにすることができる。その日の予定をメールで送ってくれるため、自分の予定を管理できるようになった。誕生日や会議・授業の変更の情報も得ることができる。（社会人）

といった、内容が挙げられていました。

一方、音声の利用者では、
- 文字入力をせずに、音声でメールを打つことができる。（社会人）
- 上司から連絡がきていないかメールを確認することで、確実な業務遂行ができる。（社会人）
- Wordのデータをもらって、確認している。会議中は片耳にイヤホンを装着し、資料を読み上げる音声を聞いて資料を追いながら、会議に参加している。もしも資料のどの部分を読んでいるのか分からなくなったら、隣りの人に指をつかんでもらって、直接画面上で位置を教えてもらう（タップして、タップしたところから2本指フリックすることで読み上げる。さらに、2本指タップで読み上げが終わる）。（社会人）

といった、内容が挙げられていました。

このように、タブレット型端末を利用している視覚障害者の皆さんは、タブレット型端末を実に多彩に使いこなすことで、困難に対してしなやかに応じ、情報処理を効率化して、社会の中でたくましく生きています。私たちは、すでに、社会や大学で活用している彼らから学び、目の前の児童生徒を教育する必要があると思います。ここで紹介した事例は、ほんの一部です。すべてのデータは、ホームページにて公開しています。節末の文献リストをご覧ください。

## 5　課題（これから取り組むべきこと）

　これまでの事例から、教育機器、視覚支援機器、情報処理機器としてのiPad等の利用の効果を少しは説明できたのではないかと考えています。しかし、このような有望な実力者であっても、その機能を最大限に引き出すには、これから積極的に取り組まなければならない課題も見えてきています。この点について触れておきます。

### （1）視覚障害教育・教科教育の本質を踏まえた導入の一層の推進

　タブレット型端末を導入すれば課題が解決されるのではなく、視覚障害教育、教科教育の専門的知見に基づいて、授業等のねらいの達成や、視覚特性等によるニーズの解決のための授業仮説を設定して、効果的に利用できるよう、一層充実した研修が必要だと考えています。最近は、単に全校の先生に対して「研修をお願いします」といった依頼から、「重複障害の子どもの教材作りのワークショップをお願いします。」とか、「漢字の読み書き指導についてワークショップをお願いします。」といった具合に、よりフォーカスされたテーマで、しかも手を動かすことを取り入れた研修依頼が増えています。タブレット型端末の教育利用も第2フェーズに入ってきたことを感じています。
　「不易流行」の考え方を借りれば、このような新たな手法の登場に

より、それらを積極的に導入すること（流行）で、改めて本質を知ることができたり、本質について再定義できたり、本質を学び直したりといった、「不易」の部分を洗練させていくことができます。今は、その良い機会と捉えることができます。また、時折、「タブレットを使わなくても、十分な指導ができている。」と言う方に会います。その意見が、タブレット型端末をある程度、実践に取り入れた上で、具体的な事例を示して説明されるならば、周りは納得するでしょう。ただ、一方で、常により良い指導を追い求めている、「奮闘する教員」にとってICTはとても魅力的に映るという指摘がされています(Mishra P. and Koeler, J. M., 2006)。

## （2）教育機器・学習機器・視覚補助機器・情報処理機器の選択肢の一つとしての位置づけ

　視覚支援機器は学習・教育機器、情報処理機器の選択肢の一つとして位置づけられる必要があります。現在は当たり前になってきた、弱視レンズや拡大読書器も弱視教育に登場してきたときには、こんなものを使わせるよりも、点字を使って、眼を温存すべきであるといった意見にさらされたと聞きます。しかし、当時、それらの機器の普及に汗を流した先人の努力があったからこそ、それらの視覚補助機器は当たり前の存在になれたのだと考えられます。このご苦労は、稲本ら(1996)はその冒頭で「弱視レンズに関する知識が十分普及していない」ことを指摘していることからも伺えます。時代が進めば、当然、技術革新により、より魅力的で効果的な、これまで満たされなかったニーズを満たしてくれる機器が登場します。当時、弱視レンズ等の普及に汗を流した先人のごとく、我々も、今、汗を流したいと考えています。

## （3）利用目的・利用者の実態を踏まえた機器の選定

「うちの学校は○○です。」「我が県は○○です。」といった、組織に依存した機器の統一をするのではなく、利用目的・利用者の実態を踏まえた機器の選択を行う必要があります。組織が機器を使うのではなく、あくまでも機器を使うのは児童生徒であることを忘れてはいけません。各施設に弱視レンズのトライアルセットがあり、それぞれの長所・短所を指導できるのが視覚障害教育の専門性の一つであるように、さまざまな機器のトライアルができ、おおまかな利用法を説明でき、長所・短所が説明できることが、これからの視覚障害教育の専門性の一つとして加わるだろうと考えています。

## （4）メディアリテラシー・セキュリティ・疲労への対応等の情報教育の実質的な充実

機器やコンテンツ・著作権等の知識とそれを処理する技術、ネット時代の個人情報のコントロールや、他人のプライバシーの取り扱いを含めたセキュリティの知識と技術、眼精疲労への対処法を踏まえた利用法について、児童生徒が実際に活用することを目標に据えた実質的な情報教育が求められます。

## （5）児童生徒の持ち込み機器（BYOD）を前提とした学校での無線LAN接続環境整備の推進

タブレット型端末の機能を最大限に引き出した教育を行ったり、現在および将来に実質的に活かせる教育を実施したりするためには、個人の機器の持ち込める環境（BYOD）を構築することは大前提です。弱視レンズの選定の際、トライアルセットを貸し出し、目途が立ったところで個人用を購入することと全く同じです。そのためのルール作りも含めた取り組みを促す必要があるでしょう。そのためには学年が限定されるものの、修学奨励費の活用がより一層適切に運用されるべ

きだと考えています。和田・氏間（2015）の研究で明らかなように、学年が上がるにつれて、情報機器の活用率は上昇します。同調査は通常学校に通っている弱視者を対象にしていますから、この状況が通常の学校に身を置く視覚障害者のニーズであると捉えることが可能ではないでしょうか。

　さらに、校内に持ち込まれた個人の機器を校内のネットワークに接続できるような環境整備を積極的に進めていくことが求められます。既にある利用規定はBYODを想定していないし、無線の利用も想定していないことが多いでしょう。さらに自治体の行政事務処理ベースで策定されている場合も少なくないと思われます。教育活動を、行政事務処理で求められる情報機器活用の範囲内に収めることは本末転倒であることはいうまでもありません。電子教科書の導入も本格的に検討されるようになった現在、教育活動ベースの情報機器やネットワークの利用規定の策定が急務であると考えられます。

## 6　おわりに

　このように、現段階でiPad等は視覚障害者にとって、利用者それぞれの目的に応じた情報処理をより促進させることができる、これまでにはない有力な機器の一つです。その機器を活用する力を児童生徒が身に付けられるような、卒業後、児童生徒たちが情報機器を使いこなして、夢を叶え、豊かな人生を歩んでいけるような、そんな学びをさせることが、学校での教育には求められているのではないでしょうか。点字や漢字、弱視レンズと同じく、情報機器の知識や利用技術を、視覚障害者が卒業後、独自に身に付けることは大変困難です。特に視覚障害者向けパソコン教室や教則本等が身近にない現状を考えれば、その困難さは理解できます。情報処理機器が彼らの人生に及ぼす効果を考えれば、今、私たちが取り組まなければならない指導の主要な項目の一つとして情報処理機器の指導は外せませんし、タブレット型端

末はその有力な選択肢です。

一緒に、汗を流していきましょう。

### 引用・参考文献

稲本正法・小田孝博・岩森広明・小中雅文・大倉滋之・五十嵐信敬（1996）教師と親のための弱視レンズガイド，コレール社．

猪平真理（1999）a．見ることを楽しませ，見る意欲を養う．視力の弱い子どもの理解と支援．香川邦生編，130-131，教育出版．

氏間和仁（2007）重度視覚障害者の利用を想定した教材コンテンツを実装した e-Learning システム．障害児治療教育センター年報，第 20 号，15 -20．

氏間和仁（2011）MNREAD-Jk により拡大鏡の妥当性を検討した１事例．日本ロービジョン学会誌，10，63-67．

氏間和仁（2014）弱視教育におけるタブレット PC の活用の 基本的考え方と活用事例．弱視教育 52(3)，21-33．

氏間和仁（2015）小学校におけるタブレット PC の活用の効果――弱視特別支援学級の A 児の指導過程を通して――．弱視教育，53(2)，1-11．

氏間和仁・韓星民（2014）第 11 回国際ロービジョン学会参加報告．弱視教育，52(1)，13-20．

氏間和仁・一木薫（2015）ロービジョン児の漢字書字成績と漢字諸属性及び学習者の要因の関係．特別支援教育実践センター研究紀要，13，53-63．

氏間和仁・木内良明（2012）弱視教育における携帯端末の活用に関する基礎的研究――ＥＶＥＳとしての活用のための基礎的研究――．弱視教育，50(1) 8-12．

氏間和仁・中野泰志（2016）TPACK framework を用いた授業設計の提案．第 57 回弱視教育研究全国大会抄録集，28-29．

氏間和仁・中野泰志・相羽大輔・田中良広・永井伸幸・韓星民（2014）P2-A-4 ワンソース・マルチユースを可能にする表示システムの開発――ロービジョンと全盲の生徒が共に学べる HTML 化教材の表示ツールの開発と iOS デバイスの活用――，日本特殊教育学会第 52 回大会 USB メモリー．

氏間和仁・小田浩一（2003）PDA を利用したロービジョン用読書支援ツール，電子情報通信学会技術研究報告（信学技報），103，114，19-24．

太田裕子（1997）通常の中学校に進学した弱視生徒の学校生活の実態と必要とされる支援について．弱視教育，34(4)，1-7．

小倉正幸・山本一寿・中野泰志・相羽大輔・氏間和仁（2014）タブレット情報端末を用いた弱視生徒の指導実践報告――拡大教科書として・学習支援機器として――．弱視教育，52(2)，1-6．

香川邦生（2009）3．視力の弱い子どもの支援の基本．小・中学校における視力の弱い子どもの学習支援．香川邦生編，12-20，教育出版．

金森克浩（2014）［実践］特別支援教育と AT 第 5 集．明治図書．

川嶋栄子・小椋規子・柿澤敏文（2013）デジタルカメラ等を視覚補助具として活用している事例について．弱視教育，51(1)，1-9．

北野琢磨・氏間和仁（2013）理科授業における弱視生徒への多機能携帯端末の活用について――iPad を中心とした検討――．弱視教育，51(1)，20-27．

教育機器編集委員会（1972）産業教育機器システム便覧，4(5)，32-33，日科技連出版．

河野友架・氏間和仁（2016a）視覚障害教育自立活動と携帯情報端末活用に関する指導の関連付け．第 57 回弱視教育研究全国大会抄録集，18-19．

河野友架・氏間和仁（2016b）Phone，iPod，iPad 音声使用マニュアル 5 活用事例．http://home.hiroshima-u.ac.jp/ujima/epub/katuyou-5.html（閲覧日 2016 年 6 月 4 日）

湖島克・中山周介・岩井寿子（1969）キーラー弱視レンズ長期使用者の使用状況．弱視教育，7(3)，45-50．

佐島毅（1999）d. 指導ステップの基本的考え．視力の弱い子どもの理解と支援．香川邦生編，102-103．教育出版．

佐島毅（2009）3　見る機能の発達を促す指導の基本．小・中学校における視力の弱い子どもの学習支援．香川邦生編，59-68．教育出版．

佐藤守・中野泰志（1993）パソコンを利用した読みの指導．弱視教育，31(1)，7-13．

佐藤泰正（1988）視覚障害心理学．学芸図書

徳田克己・黒川哲宇・佐藤泰正（1987）弱視児の漢字書き成績を規定する漢字諸属性の分析．特殊教育学研究，25(1)，17 - 24．

長渕道香（1968）弱視レンズの使用状況について．弱視教育，5(6)，131-135．

藤川治（1970）生理学実践実習におけるエレファックス等の活用について．弱視教育，8(3)，52-53．

本間知子（1978）英文科専攻の強度の弱視学生によるオプタコン学習について．弱視教育，16(2)，27-30．

村中義夫（1977）TV 式弱視者用拡大読書器の利用状況調査．弱視教育，15(5)，81-86．

Meurant,R. (2010).The iPad and EFL Digital Literacy. Communications in Computer and Information Science, 123, 224-234.

Mishra P. and Koeler, J. M. (2006) Technological Pedagogical Content Knowledge: A Framework for Teacher Knowledge. Teachers College Record, 108(6), 1017-1054.

Murphy, G., D. (2011) Post-PC devices:A summary of early iPad technology adoption in tertiary environments. e-Jounal of Business Education & Scholarship of Teaching, 5(1), 18-32.

若松歩・小島慶太・本沖萌美・氏間和仁（2010）弱視の幼児の療育活動の事例報告．弱視教育，48(2)，12-15．

和田恵理子・氏間和仁（2015）通常学級に在籍する弱視者の視覚補助具の使用について．第１６回日本ロービジョン学会学術総会プログラム・抄録集，114．

Randall T., J. (1983) Understanding Low Vision. American Foundation for the Blind. 梁島謙次・石田みさ子監訳（1992）ロービジョン理論と実践．第一法規出版，199-312．

# 第Ⅲ章　実践事例　第2節

## 操作支援のためのタブレットPC活用事例

新谷　洋介

## 1　はじめに

　操作支援に関する支援機器等教材の活用について、肢体不自由教育の場面では、次のように示されています。

　特別支援学校学習指導要領には、「児童生徒の身体の動きや意思の表出の状態等に応じて、適切な補助用具や補助的手段を工夫するとともに、コンピュータ等の情報機器などを有効に活用し、指導の効果を高めるようにすること。」と書かれています。また、教育の情報化に関する手引（文部科学省、2010）、第9章「特別支援教育における教育の情報化、肢体不自由者である児童生徒に対する情報教育の意義と支援の在り方」では、「コンピュータを活用する際の大きな課題は入力の問題である。OSに含まれるユーザー設定で対応できるものもあるが、キーボードやマウスなどの入力装置をそのまま活用できない場合には代替の入力機器を選択することになる。」と書かれており、情報機器などを有効に活用するとともに、情報機器などを活用する際にも、適切な入力手段を考える必要があることが示されています。

　本節では、操作支援の観点で、書くための支援、動かすための支援、従来の教材教具の置き換え、タブレットPCを操作するための支援について紹介するとともに、タブレットPCに外部スイッチを接続し操作することについてもあわせて紹介します。

## 2　書くための支援

### （1）キーボードで入力

　第Ⅱ章第7節で紹介したように、タブレットPCに対応したソフトウェアキーボードはたくさんあります。筆記用具を用いることが難しい子どもにとって、ソフトウェアキーボードは、書くための支援方法の一つとして考えられます。

　ひらがな入力、ローマ字入力などの入力方法を選択出来ることや、キーボード配列についても、あいうえお順、QWERTY配列などから、得意な方法で選択出来ることが利点でしょう。また、一部の文字を入力することで、単語をいくつか候補に挙げる予測変換機能も有効です。この機能を活用することで、文章を入力する際のキーボード入力が省力化できます。フリック入力風のキーボードを使用することで、狭い範囲の選択で入力可能になります。可動域が狭い場合でも、入力が容易になります。

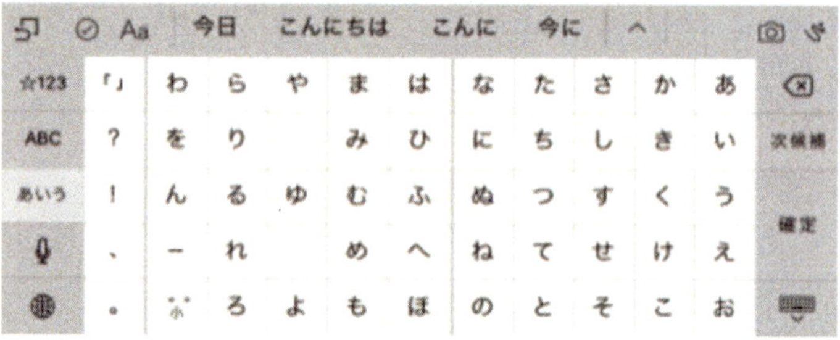

図1　予測変換・あいうえお順キーボード（iOS）

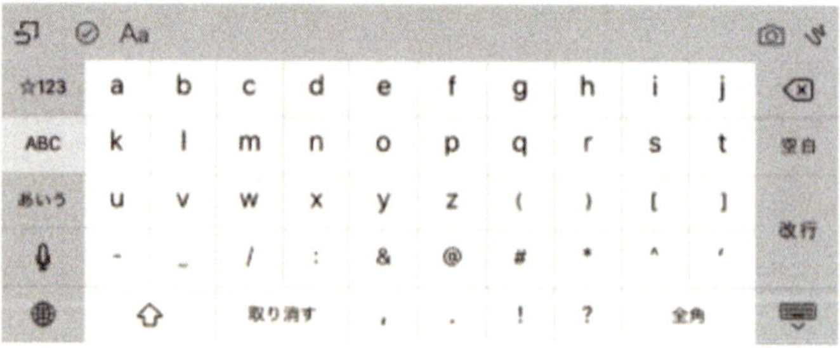

図2　ABC順キーボード（iOS）

さらに、第Ⅱ章第7節で紹介したような、タブレットPCの入力を、コンピュータのキーボードの代わりにすることが可能なソフトウェアやアプリがあります。得意なタブレットPCの入力方法を用いてコンピュータを操作することも可能になります。

紹介した方法は、子どもの入力のしやすさの実態に応じることはもちろんですが、どういう学習場面で、何を入力したいのかの観点でも変わってきます。例えば、数学において、数式を書くための支援では、さまざまな記号を入力する必要があるため、記号が探しやすいキーボードが適切です。英語では、変換機能を必要としないため、変換と確定が必要な日本語キーボードを使用せず、英字キーボードを用いると入力がしやすくなります。また、スペルを学習する授業目的がある場合は、予測変換のないものを利用することを考える必要があります。

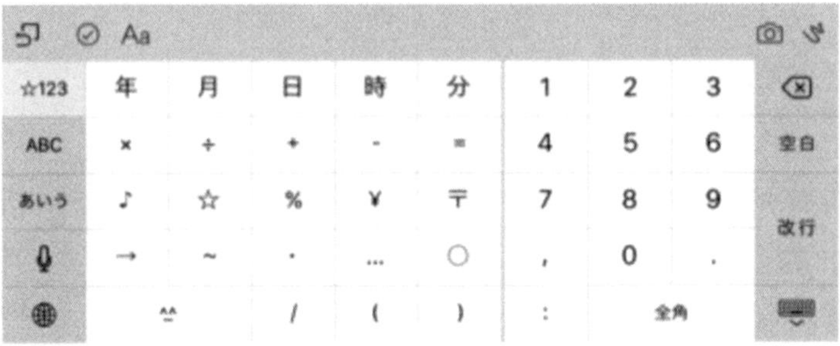

図3　数字や記号入力キーボード（iOS）

## （2）音声で記録

音声で記録する方法は、音声認識を利用して文字として記録する方法と、音声をそのまま録音する方法があります。キーボードによる入力が難しい場合は、音声での入力が一つの方法です。音声認識の精度が高まり、実用的なものになってきています。キーボード入力に時間がかかる場合にも、音声で入力し、その後、修正を行う方法を用いることで、負担をかけずに入力できることが考えられます。また、大事

なことをメモする際に、聞きながらメモすることが難しい場合に音声で録音し、後で確認することも出来ます。

図4　音声認識による入力（iOS）

## （3）カメラ機能の利用

　板書など、目の前の内容を書くための支援として、カメラ機能を用いて写真として撮影することが考えられます。肢体不自由の児童が、通常の学級で学ぶ際に、比較的板書が少ない算数では、ノートを取り、社会では、比較的板書が多いため、写真を撮り、後でノートにまとめることも考えられます。

　板書等を写真として記録する場合には、撮影した写真をどのように学習に使うかを確認した方がよいでしょう。ノートを取る際に時間がかかることを支援するために板書を写真で撮影しておき、写真を見ながら自分のペースでノートを取ることや写真の必要な部分をトリミングし、ワークシート等に張り付けたりしながらまとめなおすなどの方法が例に挙げられるでしょう。ノートの作り方は、撮影しただけでは学習することは出来ません。書くための支援は、タブレットPCで行うが、子どもがノートをまとめる力を育てる必要もあると考えます。

　大学受験等の試験においてICT機器を筆記具として利用する事例があります。学校での定期試験等においても、日常的にICT機器を筆記具として利用していくことや、教科担任等との連携が大切です。

## 3 動かすための支援

### (1) ページをめくる

本のページをめくるのが難しい子どもにとって、タブレット PC は本を読むためのツールとしての活用が期待出来ます。最近では、電子書籍コンテンツも充実してきており、電子書籍を読むためのアプリも見やすく、操作方法も簡単になってきています。また、複数の本を1台のタブレット PC に入れ、自由に選択して読むことが出来ることも利点でしょう。

アプリによっては、ページをめくる際にフリック操作が必要となる場合があります。フリック操作が難しい場合は、iOS であれば、AssistiveTouch とカスタムジェスチャを利用することで、タッチするだけでフリック操作が出来るようになります。

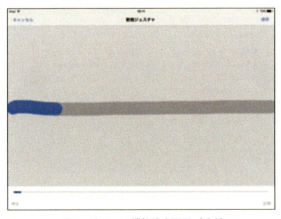

図5 ジェスチャ機能設定画面（iOS）

### (2) おもちゃを動かす

タブレット PC と連携するおもちゃは、例えば、車型の「JUMPING SUMO」、ロボット型の「Hello! MiP」、ボール型の「Sphero」などさまざまな種類のものが発売されています。

ラジコンのコントローラの操作が難しい子どもが、タブレットPCで操作出来るラジコンを遊ぶことが可能になります。

図6　ロボット型ラジコン

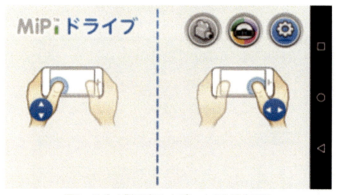

図7　ロボット型ラジコンタブレットPC操作画面

　肢体不自由特別支援学校の行事でボール型のラジコンを利用した活動が行われていましたので紹介します。ボール型ラジコンを利用して、2つの実践を行っていました。1つは、写真のような棒をいくつか立てて、ボールを操作することで棒を倒すボーリング風のゲームです。子どもは、タブレットPCを操作することで、目の前のボールを動かし、棒を倒して遊んでいる様子が見られました。

2つめは、ボールに絵の具をつけて、大きな紙の上で動かすことで、大きな絵を描くものです。ボーリング風のゲームと同様に、タブレットPCを操作することで、大きな紙に自由に絵を描くことが出来ました。また、製作された大きな絵は、その後の音楽発表の背景としてステージで利用されました。

図8　ボール型ラジコンでピンを倒す様子

図9　ボール型ラジコンで絵を描く様子

## 4　従来の教材教具の置き換え

　従来の教材教具の操作は難しいが、それと同等の内容のアプリを利用することでタッチで操作が可能になることが考えられます。

### （1）電卓

　視野や視点に課題があり、板書やプリントの数字を把握しにくい生徒に対して、「電卓」アプリを用いて計算した商品合計金額を、学習プリントに記入させた事例があります。タブレットPC上の「電卓」の数字が見やすく、入力もスムーズにでき、さらに、途中の入力した金額や演算記号が表示され、商品の合計の過程がわかる利点もありました。

図10　電卓を利用している様子

### （2）絵を描く

　マウスの操作がしにくい生徒に対してお絵かきアプリを用いて絵を描く活動を行った事例があります。まずは、学習プリントにより描画のテーマや配色の設定を考えさせ、次に、アプリを用いて絵を描く活動を行いました。指で直接操作することで、アプリの操作方法や色の

変化に敏感に反応している様子が見られました。また、色の変化に驚く姿も見られました。

図11　絵を描いている様子

（3）ドリル教材
　肢体不自由があるため文字を書くことに困難さがあるが、目標値を決め繰り返し計算することを目標として、足し算や引き算の計算ドリルアプリを利用し問題の演習を行いました。画面をタッチし自分で回答することが出来、ゲーム感覚で取り組めることから意欲的に取り組む様子が見られました。

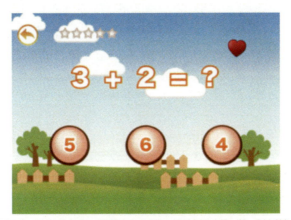

図12　ドリル教材例（算数であそぼう! はじめての足し算・引き算）

## 5　タブレットを操作するための支援

### （1）アクセシビリティ

　タブレット PC に標準で組み込まれているアクセシビリティ機能を用いることで、画面上のスキャン入力等が出来るようになります。通常は、外部スイッチを接続することで、外部スイッチの入力により選択出来るようになるのですが、例えば iOS では、スイッチとして「画面：フルスクリーン」を指定することが出来ます。「画面：フルスクリーン」を利用することで、画面全体がスイッチの役割をします。画面の特定の場所をタッチすることが難しい子どもが、画面上のどの部分をタッチしても反応するようになります。外部スイッチではなく、タブレット PC の画面で操作したい場合には有効な手段になるのではないでしょうか。

図13　スキャン入力の様子（iOS）

### （2）カメラによる操作

　カメラによるタブレット PC の操作が可能です。例えば iOS では、スイッチとして「カメラ」を指定することが出来ます。「頭を左に動かす」「頭を右に動かす」の2つの動作を認識し、それぞれに、タップやホームボタンなどの役割を持たせることが出来ます。

「OAK Cam」（Windows版）を利用すると、タブレットPCのカメラに写っているものの動きを検知して、タブレットPCを操作することが出来ます。物理的なスイッチではなく、画像を処理することでスイッチの役割をするため、わずかな動きでもスイッチ入力が可能になります。また、赤外線リモコンの役割をする機器を接続することで、タブレットPCで認識した動きをスイッチとして、TVのチャンネルを変えることや、ラジカセを再生させることなどが出来るようになります。

図14 「OAK Cam」の画面

図15のような、カメラに映ったものの動きに反応して楽器を演奏出来るような、カメラによる操作に対応したアプリを探すのもひとつの方法です。

図15 カメラで操作ができる演奏アプリ（Color Band）

## （3）音声で操作

　Windows タブレットでは、音声でタブレット PC を操作することが可能です。タブレット PC に特定のコマンドを音声で入力することで操作が出来ます。図 16 は、「マウスグリッド」と音声で入力したものです。画面上が 9 分割され、選択したい場所の数字を音声で入力することで、特定の場所を選択することが出来ます。

図 16　音声で操作している画面（Windows）

## 6　外部スイッチの利用

　外部スイッチを接続し、タブレット PC を操作することが可能です。代表的な 2 つの方法をそれぞれ紹介します。

### （1）外部スイッチで「タッチ」をする

　タブレット PC の画面を触れると反応する仕組みとして、タブレット PC の多くは「静電容量方式」を採用しています。「静電容量方式」とは、画面に指が触れることで起きた静電容量の変化を検知する仕組みです。この静電容量の変化を疑似的に発生させる機器を用いることで、任意の場所を「タッチ」することが出来ます。図 17 は、花火のアイコンを「タッチ」することで、花火を打ち上げることが出来るアプリです。タッチする機器として「i + pad タッチャー」を利用しています。このように、画面上に張り付けた部分が「タッチ」されます。

そのため、特定の場所のみしか「タッチ」することが出来ないため、さまざまな場所を「タッチ」する必要があるアプリには、この方法は向いていないといえます。

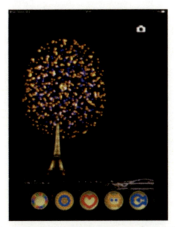

図17　外部スイッチで花火を打ち上げている様子
（花火職人 Lite）

図18は、曲を演奏するアプリです。このアプリは、鍵盤を弾く方法の他に、画面のどの場所をタッチしても一音一音演奏することが出来るモードがあります。このように、任意の場所をタッチすることが難しい子どもが、1つのスイッチで音楽の演奏をさせたい場合、このようなアプリを選択することがひとつの方法となります。

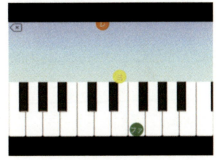

図18　タッチするだけで演奏できるアプリ（ピアノあそび）

### （2）外部スイッチでタブレット PC の操作をする

①タブレット PC 標準の機能を利用：アクセシビリティの機能を利用します。接続したスイッチに対して、「タッチ」や「ホームボタン」などの動作を指定します。また、スキャン機能等と合わせて利用します。

　スイッチによる操作方法は、iOS や Android などの OS により、特徴があります。例えば、Android タブレットでは、2 つのスイッチを接続することで、どちらかを選択するような方法を用いることが出来ます。入力のしやすさを考慮に入れて、タブレット PC の選定をすることもひとつの考え方でしょう。

図19　2つのスイッチでグループを指定し選択している様子

②スイッチ対応アプリの利用：アプリの機能として、外部スイッチに対応したアプリがあります。例えば、「トーキングエイド for iPad テキスト入力版」では、外部スイッチを接続することで、オートスキャン、1センサステップスキャン、2センサステップスキャン、マニュ

アルスキャンの4つの入力方法に対応します。外部スイッチ対応アプリを利用することで、タブレットPC標準では出来ないような、操作が可能になります。

図20　トーキングエイド for iPad テキスト入力版

③マウスの利用：AndroidタブレットとWindowsタブレットは、マウスの利用が可能です。PC等で使い慣れたマウスを用いてタブレットPCを操作することが可能です。

**引用・参考文献**

新谷洋介（2016）タブレットPCを活用した指導（5）タブレットPCから次につなげる活用，肢体不自由教育224．
北海道特別支援教育ＩＣＴ活用ＰＪ（2012），タブレット機器利用の実証的研究．http://hokkaido.tokubetsushien.com/
文部科学省（2010）教育の情報化の手引．
文部科学省（2009）特別支援学校小学部・中学部及び高等部学習指導要領．

## 第Ⅲ章　実践事例　第3節
# 認知発達支援のための iPad 活用

小川　修史

## 1　タブレット端末の登場は、認知発達支援の世界を変えた

　これまで、認知発達支援を目的とした教材はアナログなものが中心でした。しかし、iPadをはじめとするタブレット機器の登場により、いわゆる"デジタル教材"が選択肢として加わったといえます。

　これまでもパソコンの普及やインターネットの高速化により、デジタルの可能性には注目されてきました。なぜなら、デジタルの教材は以下の点で効果が期待されたからです。

- 児童生徒の意欲を喚起出来る
- 集中力の持続が期待出来る
- 視覚刺激を制御出来る
- 個別のペースで進めることが出来る

　一方で、パソコン向けのデジタル教材には、以下のような限界も存在しました。

- マウスによる操作（操作の困難さ＋直感的でない）
- 操作が複雑
- パソコン教室等、特殊な環境でないと使えない

　このように、デジタル教材の有効性は認識されていたのですが、児童生徒に活用するためには大きなハードルがあり、実際、普及には至りませんでした。しかし、時代が大きく変わります。それが"タブレット端末"です。パソコンと比較した、タブレット端末のメリットを以下に示します。

- 直感的（直接手で操作したり、スタイラスペンで書いたりすることが出来るようになった）

- 操作が容易(複雑な操作や専門的な知識が要らなくなった)
- いつでもどこでも使用出来る(軽量、無線LANがあればインターネットに接続も可能)

　このように、タブレット端末の登場はパソコンのデメリットを一気に解消してくれたのです。もちろん、紙は紙で良い部分がありますし、それぞれの長所・短所があります。ただ、これまではアナログしか選択肢として準備されていなかったのが、デジタルという新たな選択肢が出来たことは間違いありません。

## 2　認知発達支援を目的としたiPadアプリ

　それでは、事例を紹介する前に、認知発達支援を目的としたiPadアプリをいくつか紹介しましょう。

①時計くみたてパズル:「時計の見方・読み方」を学ぶための教材アプリなのですが、ドリルをしているという感覚は全くなく、楽しく自然に時計の見方や読み方が身につきます。数字を枠にはめる際の操作感や、時計の針を回すときの音など、細部にわたりよく考えられており、おすすめです。

図1

②YumYumかたちパズル:このアプリは、まる、三角、四角など「かたち」をテーマにした知育パズルゲームです。操作も簡単で、楽しみながら形や大きさの概念を学ぶことが出来ます。

図2

③モジルート：文字練習アプリケーションです。文字の1画ごとに道と、乗り物（スタート地点）と旗（ゴール地点）が表示されます。乗り物にタッチすると乗り物に応じた音が出て、道をなぞると乗り物が走り出し

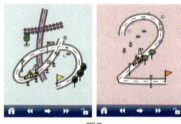

図3

ます。このアプリも文字を練習しているという感覚ではなく、楽しみながら文字を認識出来るという点で、秀逸なアプリといえます。モジルートの他にも、運筆（文字を書くための指や手首の動かし方）の習得を目的とした「ナゾルート」もあります。

④あそんでまなべる たし算パズル：あそんでまなべるシリーズのたし算パズルは、楽しみながら足し算の練習が出来るアプリです。数字をなぞって足し算していき、指定された数字を作っていくのですが、意外と難しく、大人もついつい夢中になってしまうほどです。足し算を練習し

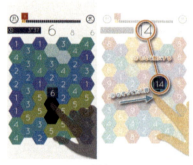

図4

ているとは感じさせない、楽しさを前面に押し出したアプリです。

このように、認知発達支援を目的としたアプリがここ数年増加しています。これらに共通する点は、これまでの「勉強」「訓練」というイメージとは異なり、楽しみながら学習することが意識されています。

また、これらは紙媒体の教材をただデジタルにしたという類のものではなく、デジタルならではの要素が多く含まれています。これらのメリットをよく吟味して、アプリを選択することが重要です。

## 3　どのようにしてアプリを選ぶのか？

　講演等でよく聞く質問が、「どのようにしてアプリを探せばよいか？」というものです。私は最近、「子どもたちの主体性を引き出すアプリを選択してください」と答えることにしています。実は、この"主体性"に着目出来るかどうかが、iPadをはじめとするタブレット端末を有効に活用出来るかどうかの分水嶺といえるのです。

　私は、主体性について説明する際に、よく自尊心の貯金と借金という表現を用います。そうです、自尊心を「お金」に例えているのです。自尊心の「貯金」は、勝負に勝ったり、誰かに認めてもらったり、出来なかったことが出来るようになったり、人の役に立ったと実感したりする状況を、自尊心の「貯金（収入）」と捉えます。重度の児童生徒の場合は、相手に意思が通じた経験に置き換えるとよいかと思います。逆に、勝負に負けたり、テストで悪い点を取ったり、他の子どもたちと比較されてしまったり、教師や親にしかられたり、頑張っても出来なかったりする状況を、自尊心の「借金（支出）」と捉えます（重度の児童生徒の場合は、意思が相手に通じず、ストレスをためる状況に置き換えてください）。

　このように、自尊心をお金に例えると、困難さを抱える子どもたちは自尊心が借金状態である可能性があります。例えば、読字障害を抱える児童が頑張って文章を読んだとしても、うまく読むことは出来ません。定型発達の子どもたちと比較してしまい、結果、出来ないと感じることが多くなる、つまり借金を抱えることになってしまうのです。

　そこで重要になってくるのは、自尊心を貯金状態にすること、そして自尊心を貯金出来る見通しを立てることです。そのためには、児童生徒が抱えている困難さに対してアプローチする前に、児童生徒の得意な部分や、「これなら出来る！」という部分からアプローチし、自信をつける（自尊心を貯金する）経験がまず必要になります。まずはお金を貯める。お金が貯まってくると、多少支出しても大丈夫になり

ます。すると、「自分はもしかすると出来るのではないか？（借金を返済出来るのでは？）」という見通しが立ちます。私たちも貯金がたまると、何か少し高いものを購入したくなるのと同じ原理と考えてください。ここが、出来ないことや苦手なことに主体的にチャレンジする絶好のタイミングといえます。

ただし、主体的にチャレンジする過程で、必ず困難さにぶつかります。このタイミングで、支援方法を「一緒に」考えることが重要です。「一緒に」というのは、支援方法を教師や支援者が勝手に決めるのではなく、どうすれば困難さを乗り越えられるか、もしくは回避出来るかを共に考えるということを指します。

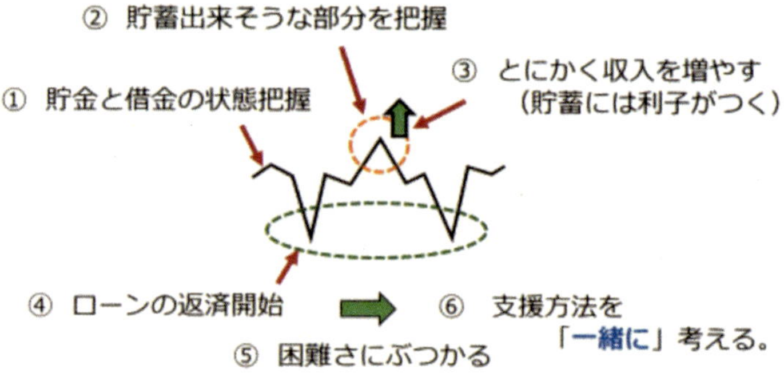

② 貯蓄出来そうな部分を把握
① 貯金と借金の状態把握
③ とにかく収入を増やす（貯蓄には利子がつく）
④ ローンの返済開始
⑤ 困難さにぶつかる
⑥ 支援方法を「一緒に」考える。

図5

さて、話を戻しましょう。実は、アプリを探すときのコツとして、自尊心を貯金するプロセス、または自尊心の借金を"主体的"に返済するプロセスを意識すると、子どもに合ったアプリを検索しやすくなるのです。それでは、私が実際担当していたFさんの事例を用いて紹介しましょう（昔の事例ですので、パソコンを使っています）。

## 4　作文は苦手だけどパソコンは得意なFさんの事例

Fさんは思考を整理して文章にすることが苦手で、作文を書くことに苦手意識を抱いていました。そこで、私は作文を書かせることを諦

め、彼が得意なパソコンを使って、作文を書く代わりに四コママンガを描かせることにしたのです（作文もマンガも、相手に文章で気持ちを伝えるという観点では大差がないと考えました）。そこで、四コママンガを簡単に描けるソフトを探し、四コママンガを作成する活動を繰り返しました。最初は、絵の内容を決められないなど、苦労もありましたが、完成した作品を人に評価される経験を積み重ねることで、主体的に四コママンガ作成に取り組むようになりました。

　しばらくして、作品作りに自信を持ち、自尊心が十分に貯金されたと判断し、Fさんに、「これだけ素晴らしい四コママンガが描けるんだから、作文も書けるんじゃない？一度、書いてみない？」と提案してみました。自尊心の支出を試みたのです。すると、あれだけ作文を嫌がっていたFさんが、なんと作文を書き始めたのです。とはいえ、書いている途中でどうしてもモチベーションが低くなってしまいます。そこで、困難さを回避する方法を、一緒に考えることにしました。その過程で「四コママンガみたいに、新聞を作って配るのはどう？」と提案したところ、彼から「新聞なら作ってみたい」と返事をもらったのです。新聞づくりの始まりです。新聞は Microsoft Excel を用いて作成し、記事の内容の整理にはマインドマップ作成ソフトを使用しました。新聞とはいえ、中身は文章の集合ですから、作文と大差ありません。ところが、作文を書く時のモチベーションとは全く異なり、主体的に書いてくれるようになったのです。結果、自ら新聞を作成し、ホームページで公開するといったことまで出来るようになりました。

図6

この事例では、マンガ作成と新聞づくりの活動にICTを活用しています。

　マンガ作成（自尊心を貯金するプロセス）においてはUndo機能、すなわち「元に戻す」が出来ることが大きかったです。本人が納得出来ない部分については、何度でもやり直しが出来るので、出来上がった作品に"こだわる"ことが出来るわけです。こだわることで完成した作品に達成感が生まれます。このように自尊心が貯金されやすい環境を作ることが重要で、ICT機器をそのための選択肢の一つとして常にもっておくことが重要です。

　新聞づくり（自尊心の借金を返済するプロセス）においては、記事の内容をマインドマップソフトで整理させることで、内容を思い出しながら文章で表現するという負荷を軽減しました。また、Excelを使うことで、作成した文章を自由に配置出来るので、マインドマップで作成した各項目に対して肉付けする感覚で書けたのも大きかったのだと思います。彼は文章を書くことに困難さを抱えていたわけではなく、作文を構成することに困難さがあったということには、私自身、実は後になって気付いています。このことは、一方的に困難さを乗り越えさせようとしていたら、きっと気付いていません。「この方法なら出来る？」「これはちょっと難しそう？」といったことを直接Fさんに聞き、"一緒"に考えたことで気付けたのだと思います。このように、自尊心の借金を返済するプロセスにおいては、児童生徒の困りに耳を傾け、困りを"一緒に"解消するという意識が重要であり、ICT機器はそのための選択肢の一つとして考えることが重要です。

　四コマンガ作成や新聞作成に用いたアプリは、自尊心の貯金と借金を意識して活動に取り組む中で見つけたものです。これが「アプリを探す」ということなのです。つまり、アプリを探してから活動するのではなく、活動の中でアプリを探す必要があります。そのためには、どんなアプリが存在するのかを知っておく必要がありますので、イン

ターネット上に公開されている特別支援教育向けのアプリリストなどを参考に、一度試しておくことが有効であると思われます。

## 5 認知発達支援の観点でアプリを探す

それでは、認知発達支援の観点でアプリを探し、活用した事例を紹介します。

図7

### 苦手な漢字にチャレンジ！　Aさんの事例

使用したアプリ：駅占い・最寄駅・駅検索、　常用漢字筆順辞典

「Aさんには何度も何度も漢字練習帳で練習させてきましたが、どうしても覚えてくれません。どうしたらよいですか？」といった相談をうけました。私は、Aさんの趣味を聞いたところ、電車が好きとのこと。そこで、「駅名を先生にプレゼンしてもらったらどうですか？」と提案をしてみました。「漢字の記憶＋書字（支出）」と「電車（収入）」を天秤にかけたのです。実際に試してもらったところ、Aさんに関しては黒字（収入のほうが多い）でした。

そこで、タブレット端末の登場です。教師には事前に"駅占い・最

寄駅・駅検索"と"常用漢字筆順辞典"を iPad に入れておいてもらいました。前者は駅名を検索する用途で使用し、後者は駅名に使われている特定の漢字を練習するために使いました。A さんは最初、駅検索アプリを用いて駅名をひたすら見てしまったため、「好きな駅名をノートに書いて、コレクションしてみよう！」と提案してみました。すると、好きな路線の駅名や面白い駅名を中心にノートに積極的に書くようになり、漢字をすごいペースで習得していったのです。ちなみに、「艫作」(へなし)、「蕨」(わらび) も書けます〈笑〉。このように、苦手なこと ( 支出 ) でも、得意なこと ( 貯金 ) と組み合わせることで、一気に借金から貯金に切り替えることが可能になります。ちなみに、A さんは今でも漢字が大好きだそうですよ。

## 6　子どもたちが意欲的にチャレンジ出来る環境を整える

　同じアプリでも、使い方を工夫したり、環境を整えたりすることで自尊心が貯金されやすくなります。これらの観点で事例を紹介します。

### （1）間違えることが嫌いな T さんと、不注意傾向のある S さんが、一緒に漢字学習をした事例

使用したアプリ：小学生かんじ：ゆびドリル

図8

シンプルな漢字学習用のドリルアプリ「小学生かんじ：ゆびドリル」を使った事例を紹介します。このアプリは、指で枠内に漢字を書くと、それを認識して採点してくれるのですが、このアプリは一人でやると飽きてしまうケースがあります。そこで、複数人で操作をさせてみました。不注意傾向のあるＳさんと、間違えることが苦手なＴさんにこのアプリを操作させたところ、不注意傾向のあるＳさんはＴさんの注意によりケアレスミスがなくなり、ＴさんはＳさんと一緒に問題を解くことで、間違えるリスクを減らすことが出来ました。子どもの組み合わせには細心の注意が必要ですが、このように子どもたちのコミュニケーションを意識しながらアプリを使用すると、認知発達の観点でも、自尊心の貯金という観点でも有効であるといえます。

図9

## （２）日本地図をなかなか覚えることが出来ないＨさんの事例

使用したアプリ：あそんでまなべる日本地図パズル

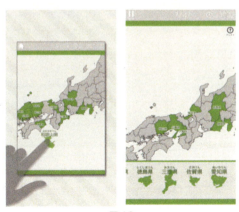

図10

日本地図をなかなか覚えることが出来ないHさん。パズルは得意ということで、「あそんでまなべる日本地図パズル」を使って、休憩時間に遊んでもらいました。その様子を時々のぞき見し、「めちゃくちゃ速いなー」と、自尊心の貯金を意識して声掛けをしてみました。すると、Hさんはパズルが得意だけあって、なんと47都道府県を3分で作り上げることが出来るようになったのです。そのタイミングで、プロジェクターに画面を投影し、児童や他のクラスの教師を集めて見てもらいました。すると、よほど嬉しかったみたいで、世界地図や国旗にもチャレンジし、いつのまにか地図が大好きになりました。

　このように、教師の声掛けや、努力した成果を発表する場を設けることで、自尊心は一気に貯金され、苦手なことにも意欲的にチャレンジ出来る可能性があります。

## 7　アプリを使って学習の困難さを支援する
### （1）手先が不器用で、辞書をめくることが困難なLさんの事例
使用したアプリ：でか文字

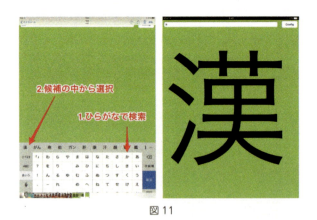

図11

　手先の巧緻性が低く、辞書をめくる際にストレスがかかってしまうLさん。分からない漢字が出てくると、どうしても困ってしまいます。

そこで、辞書をめくる際の困難さを、アプリを使って回避することで漢字学習に対するストレスを軽減することにしました。使用したアプリは「でか文字」です。当初は漢字辞書のアプリを使用しようと思ったのですが、シンプルに漢字のみを表示するアプリがありませんでした。そこで、視覚障害者向けに開発された"でか文字"を使用することとしました。かなキーボードを使って書きたい漢字を検索し、選択することで調べたい漢字を大きく表示させることが出来ます。作文や漢字学習の際に、でか文字がインストールされたタブレットPCを机に配置したところ、辞書嫌いだったLさんは分からない漢字を積極的に辞書アプリで調べるようになり、作文等で積極的に漢字を活用するようになりました。このように、学習にかかる余計なストレスを低減させることで、子どもたちの学習に対するモチベーションを高めることが出来ます。また、アプリを検索する際、「漢字辞書」で検索したもののニーズに合致したものがなかった場合、まずはニーズを整理し、「漢字を大きく表示させたい」等、ニーズに基づいた検索をすることで、使えるアプリが見つかることがあります。

## 8　iPadアプリのメリット・デメリットを意識して活用する

　ここまで、タブレット端末は認知発達支援の観点で有効であるという話をしてきましたが、果たして本当にそうなのでしょうか？　デジタル絵本を例に、考えてみましょう。

### （1）しかけ絵本シリーズ

　「しかけ絵本シリーズ」は絵本アプリなのですが、さまざまなしかけが含まれています。例えば、カメラで子どもの顔を撮影し、登録しておくことで、子どもが主人公として絵

図12

本に参加出来ます。また、画面に息を吹きかけると反応したり、触ると動物が話したりするので、子どもたちの好奇心を自然に高めてくれます。このアプリは自分の声を登録し、読み上げることも出来るので、本読みに対するモチベーションを高めることも可能です。

　このようにしかけの多いデジタル絵本はメリットが多い一方で、しかけが多数用意されていると、物語の朗読を聞くよりもしかけに夢中になってしまうというデメリットがあります。また、刺激が強いので一場面一場面で理解や記憶をしてしまいます。つまり、物語全体の流れを理解するには、刺激の少ない絵本のほうが優れているわけです。このように、デジタル絵本が有効かどうかはケース・バイ・ケースな点、およびデジタル絵本にはメリットもあればデメリットもある点を認識することが重要です。もちろん、紙媒体の絵本にもメリット・デメリットがあるわけなので、デメリットがあるから使わないのではなく、デメリットをしっかりと把握したうえで、メリットを意識して活用することが重要です。

## （2）長時間集中して作業を続けにくいUさんの事例

　あちこちに注意が向いてしまうUさん。集中して作業を続けることに困難さを示す場合が多くあります。一方で、例えばゲームなどに代表されるように、没頭出来る要素があれば一転、過集中になる場合が多くあります。

　Uさんのような児童生徒には、youtubeの視聴やゲーム（教師や支援者が明確な意図・目的を持っているものを除く）はお勧めしません。なぜなら、途中でやめることが彼らにとっては難しいからです。よく、「ご褒美に10分だけyoutubeを見る」のように、報酬として利用する場面を多くみますが、子どもたちにとって「途中でやめることに対するストレス」は大きいものであり、ご褒美が逆にストレスに直結してしまう可能性があります。一方で、デジタルの教材は集中力

の持続が期待出来るため、有効に活用出来る可能性があります。つまり、iPadはデジタルの教材のみをインストールしておき、無線LANの設定をオフにしておくと、効果的にiPadを活用出来ます。

　ちなみに、タイマーアプリを用いて、時間になったら無理やりやめさせるケースが多くありますが、これは支援ではありません。よく考えてみてください。タイマーアプリが保護者や支援者にとっての支援ツールになっていますよね？　子どもたちからしたら、時間が来たら悪いことが起きてしまう、悪魔のツールなわけです。逆に、子どもたち自身が「やめたいけど、やめられない。なんとかしたい……。」という気持ちになったときは、こういった使い方が有効です。何度も言いますが、子どもたちが主体的であるが故にぶつかってしまう困難さに対して支援することが重要です。このように、メリット・デメリットについて検討する際は、子どもたちの自尊心の貯金と借金についても意識することが重要です。

## 9　おわりに

　最初から自尊心の貯金と借金を意識しながらアプリを探すことは難しいでしょう。その場合は、特別支援教育で多く使われているアプリを試しに使ってみて、「こんなことが出来るんだ！」ということをまずは知ってください。幸いなことに、タブレット端末はお試し版のアプリや無料のアプリがたくさん公開されていますので、触りながら試すことが出来ます。是非やってみてください。

　ただし、いずれ限界を感じます。そのときは是非、一度自尊心の貯金と借金を意識して、アプリを検索してみてください。まずは自尊心を貯金することを意識してアプリを探しましょう。その先に、学習や認知発達といった、本来のゴールが存在します。また、あくまでiPadは教育のための道具であることを忘れないでください。アプリを使うことが目的ではなく、アプリを活用して子どもたちを成長させ

るのが目的です。これらのことを意識して、是非積極的に iPad をご活用いただければと思います。

今回、紹介したアプリを含め、
私のホームページでも紹介しています。是非ご覧ください。
もしも…の研究所
http://blackglass.hyogo-u.ac.jp

# 決定版！
# 特別支援教育のためのタブレット活用

## 今さら聞けないタブレット PC 入門

編著　金森 克浩
執筆　新谷 洋介／氏間 和仁
　　　小川 修史／高松 崇

# 目　次

## 第Ⅰ章　概論・解説・8

### 第1節　いまなぜタブレットPCか？ …… 8

### 第2節　タブレットPC活用の最新情報 …… 13
1　はじめに …… 13
2　OS（オペレーションシステム） …… 14
3　代表的な端末と型（大きさや形） …… 16
4　通信手段（Wi-fi，セルラーモデル） …… 18
5　容量（データの保存量） …… 18
6　アプリケーション …… 19
7　アクセシビリティ …… 20
8　周辺機器 …… 20
9　これからのタブレットはどんな進化を…… …… 21

## 第Ⅱ章　実践・解説・23

### 第1節　iOSの基本操作 …… 24
1　はじめに …… 24
2　起動・終了、スリープ、スリープ解除 …… 25
3　アプリの起動・終了・切り替え …… 27
4　アプリの整理 …… 28
5　コントロールセンター …… 29
6　Quick Type …… 30
7　Siri（シリ） …… 30
8　Air Drop …… 31
9　Air Play …… 32
10　マルチタスキング …… 33
11　動かなくなったり、反応が悪くなったら試したいこと …… 35

## 第2節　Windows・Androidの基本操作　38
1　Windowsの基本操作　38
2　Androidの基本操作　41
3　WindowsタブレットとAndroidタブレットの特徴　44

## 第3節　iOSのアクセシビリティ機能　45
1　はじめに　45
2　視覚　57
3　聴覚　52
4　身体機能　54
5　学習と読み書き　59

## 第4節　Windows・Androidのアクセシビリティ機能　63
1　はじめに　63
2　Windowsのアクセシビリティ　64
3　Androidのアクセシビリティ　68

## 第5節　特別支援教育で使えるアプリ（iOS）　72
1　はじめに　72
2　視覚障害　73
3　聴覚障害　76
4　肢体不自由　78
5　知的障害　79
6　発達障害　81

## 第6節　特別支援教育で使えるアプリ（Windows）　82
1　WindowsタブレットってiPadやAndroidと何が違うの？　82
2　Microsoft Officeを使いこなそう！　82
3　Microsoft OneNoteでデジタルノートを作成する　83
4　Microsoft Wordで書いた文章を読み上げる　83

5　Microsoft Word でデジタル教科書を表示させる　　84
　　6　Windows タブレットで使えるアプリ集　　85
　　7　特別支援教育向け Flash 教材を使えるのは Windows だけ　　86
　　8　おわりに　　88

　第7節　特別支援教育で使えるアプリ（Android）　　89
　　1　アプリのインストール　　89
　　2　アプリの紹介　　90
　　3　おわりに　　95

## 第Ⅲ章　実践事例・98

　第1節　視覚支援のための iPad 活用　　98
　　1　はじめに　　98
　　2　視覚障害教育と情報機器の活用　　100
　　3　視覚補助機器の中の iPad　　101
　　4　iPad の活用の実際　　108
　　5　課題（これから取り組むべきこと）　　127
　　6　おわりに　　130

　第2節　操作支援のためのタブレット PC 活用事例　　133
　　1　はじめに　　133
　　2　書くための支援　　134
　　3　動かすための支援　　137
　　4　従来の教材教具の置き換え　　140
　　5　タブレットを操作するための支援　　142
　　6　外部スイッチの利用　　144

　第3節　認知発達支援のための iPad 活用　　148
　　1　タブレット端末の登場は、認知発達支援の世界を変えた　　148
　　2　認知発達支援を目的とした iPad アプリ　　149

- 3 どのようにしてアプリを選ぶのか？ ……………………………… 151
- 4 作文は苦手だけどパソコンは得意なFさんの事例 …………… 152
- 5 認知発達支援の観点でアプリを探す ……………………………… 155
- 6 子どもたちが意欲的にチャレンジ出来る環境を整える ……… 156
- 7 アプリを使って学習の困難さを支援する ……………………… 158
- 8 iPadアプリのメリット・デメリットを意識して活用する …… 159
- 9 おわりに ………………………………………………………………… 161

## 第Ⅳ章　教材製作ソフトの紹介と活用・164

- 1 ICT機器で教材製作なんて難しい？ ……………………………… 164
- 2 カメラアプリを使った簡単教材づくり！ ……………………… 164
- 3 カメラ＋画像加工アプリで分かりやすさをUP！ ……………… 165
- 4 スキャナを使って、簡単デジタル教材 ………………………… 166
- 5 プレゼンテーションソフトを使った教材づくり ……………… 168
- 6 アプリを使った教材づくり ………………………………………… 170
- 7 デジタル教材を作るということ ………………………………… 170

## 編集後記

# 第Ⅳ章
# 教材製作ソフトの紹介と活用

## 第Ⅳ章
# 教材製作ソフトの紹介と活用
小川　修史

### 1　ICT機器で教材製作なんて難しい？

　ICT機器を使って教材製作……と聞くと、どうしても難しいイメージがあります。プログラミングでもしなければいけないのか？　そんなイメージすらありますよね。でも実際は、プログラミングどころか、タブレット端末の標準アプリだけでも作れちゃいます。それでは、あなたもICT機器を使って教材を作ってみましょう！

### 2　カメラアプリを使った簡単教材づくり！

　カメラアプリで教材？　と思われるかもしれませんが、カメラアプリを侮るなかれ。実は最強の教材製作アプリだったりします。例えば、育てているアサガオを毎日定点から同じ角度で撮影してみま

図1

しょう。そして、撮影した画像を同じフォルダに入れ、スワイプでめくってみましょう。アサガオの成長をダイジェスト（パラパラマンガ）で観察することが出来ます。デジタルテレビに接続して子どもたちに見せるだけでも、十分効果があります。また、調理実習の手順を作業別にあらかじめ撮影しておきましょう。すると、子どもたちはタブレット端末で手順を確認しながら、調理を進めることが出来ます。これって立派な教材だと思いませんか？　デジタルの教材というと、どうしても子ども一人がコンピュータの前で画面とにらめっこする、昔のイメージが残っています。しかし、現代のデジ

タル教材は、タブレット端末の登場により、これまでのようにパソコン教室に行ったり準備を長々としたりといった負担が不必要になりました。結果、使いたいときに使う、つまり、授業のワンポイントで使うことが出来るようになったのです。そういう意味で、カメラ機能で手軽に作れる教材は作る側も使う側も使い勝手が良いわけです。

## 3 カメラ＋画像加工アプリで分かりやすさをUP！

　カメラアプリで撮った画像のトリミング（画像の不要な部分を削除する）や回転、明るさの変更は、カメラアプリ内で出来ます。しかし、文字を入れたり、デコレーションしたりするのは別途アプリが必要になります。まずはアプリを紹介しましょう。

① Skitch：
Skitchは写真の上にテキストや図形を簡単に挿入出来るアプリです。例えば、画像中の特定の部分を強調したいときなどに、

図2

非常に使い勝手の良いアプリです。手順書などを作るとき、こういった強調があった方が、子どもたちにとっても分かりやすいですね。なお、SkitchはPDFやWebページ、地図にも書き込みが出来るので、非常に使い勝手の良いアプリの一つといえます。

②バルーン・スティッキーズ プラス：バルーン・スティッキーズ プラスは簡単に吹き出しを画像中に挿入出来るアプリです。吹き出しの位置やフォントの種類などを自由にカスタマイズ出来るので、使いやすいアプリです。

図3

### 4　スキャナを使って、簡単デジタル教材

　タブレット端末は、スキャナ機能が充実してきました。紙で作成したものをスキャナで取り込めば、簡単にタブレット上で書き込みが出来ます。つまり、教材は手書き（もちろん、ワープロでもOK）で作成し、紙媒体のアナログな教材をスキャナで取り込めば、なんとアナログ教材が瞬時にデジタル教材に早変わり！

　こういう話をすると、「紙に直接書き込めば？」と言われがちなのですが、力の調整が難しい、手先の巧緻性が低い、プリント全体が目に入ってしまう、……など、紙教材に困難さを抱える場合は、デジタルの選択肢は必要なのです。Undo(元に戻す)が出来るのも魅力です(消しゴムは紙を破ってしまうケースが多々あります)。書き込むときは、市販のスタイラスペンを使えばよいでしょう。スタイラスペンを加工して持ちやすくしておけば、力を入れずに書けるのも魅力ですね。

①CamScanner：カメラで撮影したプリントの写真を、瞬時に、しかも鮮明にスキャンしてくれます。やり方は簡単。机の上などにプリントを置き、アプリでカシャっと写真を撮るだけです。すると、なんと自動で紙の部分を認識し、取

図4

り込んでくれます。PDF 形式で保存しておけば、後述する Metamoji Note で書き込みをすることが出来ます。

② MetaMoji Note：スキャナで取り込んだものを子どもに書き込ませる際は、この MetaMoji Note がおすすめです。MetaMoji Note を起動して、スキャナアプリで作成した PDF を読み込めば、その上にまるで紙とペンのように自由に書

図5

き込むことが出来ます。もちろん、出来上がったものは保存も可能です。このアプリの素晴らしいところは、一旦書いた文字を移動させたり、拡大縮小したり出来るところです。小さい字を書くのが困難な子どもは、一旦大きな字で書いて、その後縮小すれば、小さな字を書けるのです（これを見たときは、感動しました）。

## 動画を使った教材づくり

これまではカメラ機能を使った教材を紹介してきましたが、動画もデジタルの醍醐味です。跳び箱の跳び方や、横断歩道の渡り方のシミュレーションなど、動画をただ見せるだけでも効果があります。ただ、そのままでは余計な情報も多く含まれてしまいます。そこで登場するのが、動画編集アプリです。従来の動画編集用のソフトとは異なり、ずいぶん簡単になりましたので、やったことのない方はぜひ試してみてください。

iMovie

図6

WindowsMovieMaker

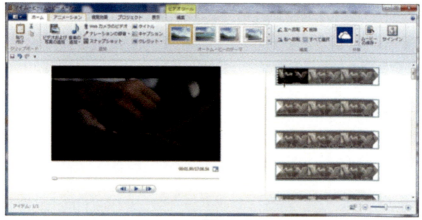

図7

## 5 プレゼンテーションソフトを使った教材づくり

　Microsoft PowerpointやKeynoteなどのプレゼンテーションソフトを使うと、簡単に教材を作成することが出来ます。おそらく読者の方は、「でも、スライドショーにしても子どもが書き込めないでしょ」と思われたことでしょう。安心してください。実は両方とも「ペンツー

ル」というものが存在します。そうです。スライドショー中に自由に書き込めるのです。つまり、プレゼンテーションソフトを使って各スライドに問題を作っておけば、それだけでデジタル教材になります。

図8

Microsoft社は、特別支援教育でのPowerPoint活用という特設サイトをオープンしており、その中には「小学校で学習する文字のPowerPointスライド」「PowerPointでこんなことも出来る！アイデアPowerPointスライド」というコーナーが設けられています。文字を構成するパーツを、色の変更やアニメーションで強調することが出来るので、子どもたちの特性に合った漢字学習教材を作成することが出来ます。

● Microsoft社特別支援教育でのPowerPoint活用
https://www.microsoft.com/ja-jp/enable/ppt/default.aspx?navIndex=4

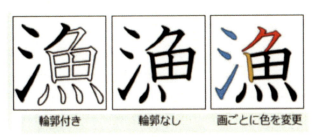

図9

また、筆者のホームページでもPowerPointの裏技的な操作方法を紹介していますので、興味があればぜひご覧ください。
● もしも…の研究所
（PowerPointネタはもしも…の資料館で公開しています。）http://blackglass.hyogo-u.ac.jp/

## 6　アプリを使った教材づくり

子どもたちが実際に操作して学べるような、本格的なデジタル教材を作りたい！　という方は、数は少ないですが、教材作成を支援するアプリもあります。

### （1）Fingerboard

直感的な操作で教える内容を子どもたちに伝えたり、練習問題を作ったりすることが出来ます。音声や動画、メモなどを埋め込んだり、選択問題の選択肢をランダムで提示することも可能です。

図10

また、作成した教材を、他の端末に送ることが出来るのも便利です。

## 7　デジタル教材を作るということ

色々紹介してきましたが、まずは読者の皆さんが教材を作ってみることが重要です。実際に使うものをいきなり作ることは難しいかもしれませんが、まずは作ってみるという経験が重要です。次に、ある程度作れるようになったら「頑張って作ろう！」となるわけですが、残

念ながら頑張って作った教材は使ってもらえません。手軽に負担なく作成し、使っても使わなくてもよい……くらいの感覚で活用すると、うまく活用出来ます。是非、皆さんもデジタル教材を作ってみてください。

今回、紹介したアプリを含め,
私のホームページでも紹介しています。是非ご覧ください。
もしも…の研究所
http://blackglass.hyogo-u.ac.jp

## 編集後記

　本書は特別支援教育でいま普及してきているタブレット端末を有効に活用するための解説書です。

　この中では語り尽くせない内容が多々ありますので、以下の各著者のWebサイトから関係情報を得ていただきたいです。

2016年7月1日

金森　克浩

### [編著]

金森　克浩

国立特別支援教育総合研究所　総括研究員

（kintaのブログ）http://magicaltoybox.org/kinta/

### [執筆]

新谷　洋介

国立特別支援教育総合研究所　主任研究員

（OCTくんとタッチで学ぼう）http://touch.oct-kun.net/

氏間　和仁

広島大学大学院教育学研究科准教授

（うじらぼ）http://home.hiroshima-u.ac.jp/ujima/

小川　修史

兵庫教育大学大学院学校教育研究科准教授

（もしも…の研究所）http://blackglass.hyogo-u.ac.jp/

高松　崇

NPO法人支援機器普及促進協会

（ATDS）理事長　http://npo-atds.org/

### 決定版！
### 特別支援教育のためのタブレット活用
―今さら聞けないタブレットPC入門―

| | |
|---|---|
| 2016年8月2日 | 初版第1刷 発行 |
| 2018年2月9日 | 初版第3刷 発行 |

- ■編 著　金森　克浩
- ■発行者　加藤　勝博
- ■発行所　株式会社ジアース教育新社
  〒101-0054　東京都千代田区神田錦町1-23　宗保第2ビル
  TEL：03-5282-7183　FAX：03-5282-7892
  E-mail：info@kyoikushinsha.co.jp
  URL：http://www.kyoikushinsha.co.jp/

- ■表紙デザイン・DTP　土屋図形株式会社
- ■印刷・製本　株式会社創新社

○定価は表紙に表示してあります。
○乱丁・落丁はお取り替えいたします。(禁無断転載)
Printed in Japan
ISBN978-4-86371-371-0